CORPVS
SCRIPTORVM ECCLESIASTICORVM
LATINORVM

EDITVM CONSILIO ET IMPENSIS

ACADEMIAE LITTERARVM CAESAREAE

VINDOBONENSIS

VOL. XXXXV

SCRIPTORES ECCLESIASTICI MINORES SAEC. IV. V. VI.

FASCICVLVS I.

EVAGRII
ALTERCATIO LEGIS INTER SIMONEM IVDAEVM ET
THEOPHILVM CHRISTIANVM

EX RECENSIONE

EDVARDI BRATKE.

VINDOBONAE
F. TEMPSKY

LIPSIAE
G. FREYTAG

MDCCCCIIII.

SCRIPTORES ECCLESIASTICI MINORES SAECVLORVM IV. V. VI.

FASCICVLVS I.

EVAGRII
ALTERCATIO LEGIS INTER SIMONEM IVDAEVM ET THEOPHILVM CHRISTIANVM

RECENSVIT

EDVARDVS BRATKE

VINDOBONAE
F. TEMPSKY

LIPSIAE
G. FREYTAG

MDCCCCIIII.

Typis expressit Rudolphus M. Rohrer, Brunae.

PRAEFATIO.

Dialogus, cui inscribitur *Altercatio legis inter Simonem Iudaeum et Theophilum Christianum*, in titulo auctoris nomine caret. sed praescriptio epistolii disputationi praemissi scriptoris nomen prodere mihi uidetur, quem anno fere 440 in Gallia meridionali claruisse ex fontibus doctrinisque, quibus usus est, conici potest. praeterea Euagrium quendam dialogum composuisse Gennadius Massiliensis memoriae tradit, qui in catalogo uirorum illustrium dicit (c. 51): *Euagrius alius scripsit Altercationem Simonis Iudaei et Theophili Christiani, quae paene omnibus nota est.* Gennadii uestigiis Marcellinus Comes, Honorius Augustodunensis, librarius codicis *C* Altercationis (cf. infra pag. VII) ingressi sunt.

Euagrii apologia christianae fidei quinque codicibus nobis seruata est.

Bonitate, non uetustate principem locum obtinet codex Bambergensis[1]) B III 31 insignitus, membranaceus, saeculo IX uel X scriptus, foliorum 178 forma octonaria. exhibet uariorum patrum inprimis Augustini scripta, inter quae inde a fol. 110¹—128² Altercatio tradita est. antecedit *Sermo S. Augustini de Iuda traditore,* sequuntur *S. Chrysostomi homiliae duae in Eutropium.* hoc Altercationis apographum Th. Zahn inuenit, A. Harnack primus publici iuris fecit, ego iterum qua par erat diligentia excussi. bene scriptum est, sed multae correctiones occurrunt. quarum alteras manus *B*

[1]) Cf. Katalog der Handschriften der königlichen Bibliothek zu Bamberg. I. Bd. 1. Abteil. 3. Lief. (edidit Fischer) Bamberg 1903 p. 373.

prima exarauit, ubique fere nihil aliud agens, quam ut nobilis origo stirpis incorrupte seruaretur. alterae a manu secunda plerumque ita confectae sunt, ut non codicem aliquem sed correctoris ingenium tenue fontem fuisse tibi facile persuadeas.
B^1, B^2 indicantur correctiones siglis *B^1* aut *B^2*. sed cum falsarius ab ipso auctore codicis corrigente raro distingui possit, *B^1* non primam manum neque *B^2* secundam manum significat. sed siglo *B^1* significatur id. quod primo scriptum erat, et siglo *B^2* id, quod secundo scriptum est. inscriptionem anonymam uerbis *quam scripsit Euagrius* a manu tertia aetatis multo recentioris interpolatam esse ex figura litterarum diuersoque atramento perspicuum est.

Non bonitate sed uetustate hunc testem superat codex
R Augiensis, numero latino CCLIII ornatus, quem littera *R* notaui, membranaceus, rescriptus, forma octonaria, in monasterio Augiae maioris (Reichenau) a Pirminio, apostolo Alemanniae, ipso, ut uidetur, depositus et nunc in Bibliotheca Caroliruhensi a me agnitus et explicatus. scriptura posterior saeculi VII—VIII continet commentarium Hieronymi in Matthaeum. scripturam natiuam, quae Euagrii libellum litteris semiuncialibus characteris gallici exaratum, in prima et extrema parte tamen non integrum, praebet, L. Traube, uir rei palaeographicae peritissimus, saeculo VII tribuendam esse opinatur. incipit fragmentum a *(princi)pem* p. 8, 5 et desinit in *regnu(m)* p. 46, 11. scriptura eius continua est, nisi quod enuntiata uel maiora enuntiatorum membra et interdum singula uerba punctis discernuntur. contignationes litterarum *m* et *n* in exitu linearum paucae sunt. compendiis scripturae librarius his utitur: *ds* pro *deus*, *di* pro *dei*, *do* pro *deo*, *dm* pro *deum*, *dns* pro *dominus*, *dni* pro *domini*, *dno* pro *domino*, *dnm* pro *dominum*, *dne* pro *domine*, *xps* pro *christus*, *xpi* pro *christi*, *xpo* pro *christo*, *xpm* pro *christum*, *xpianus* pro *christianus*, *d)* aut *d.* pro *dixit* uariis locis; 24, 1 *ihm* pro *iesum*, 13, 11 *xporum* pro *christorum*, 18, 3 *sps* pro *spiritus*, 18, 10 *spu* pro *spiritu*, 24, 15 *primosci* pro *primosancti*, 27, 9 *scissimum* pro *sanctissimum*, 18, 5 *patriarcarum* pro *patriarcharum*, 33, 5 *mę* pro *meae*. orthographiae

et grammaticae haec exempla memoratu digna sunt: 28, 12 *uite tuae* 44, 11 *seculum saeculi*; 46, 9 *a mare ad mare* 13, 7 *defecit* 32, 1 *sufficerat*; 21, 12 *typum* 38, 13 *tipum*; 33, 15 *pasca* 34, 3 *pascha*; 24, 8 *scripturas* sed alibi *scribtu* . . .; 8, 9 *theophilus* 12, 8 *theofilus*; 25, 14 *quur* pro *cur*; 18, 4 *exemine* pro *ex semine*; 11, 7 et alibi *aput* 18, 14 *athuc*; 33, 1 *ouis* 33, 14 *obis*; 38, 13 *tridum* pro *triduum*; 30, 14 *allata* 31, 13 *adlatum*; 11, 5 *ipsum* et *ipso* sed 26, 3 *in hoc ipsud*; 43, 5 sq. *adu(oca)bit . . . terra* (pro *terram*) 34, 6 *in aduentum* pro *in aduentu*. praeterea scriba, qui singulis litteris eleganter figurandis maximam operam dedit, textum fontis sui mendis cuiuslibet generis inquinauit, ut, cum haud raro singula uerba aut consilio adderet, omitteret, mutaret aut incuria corrumperet, liber Augiensis magis quam liber Bambergensis a communi archetypo degeneraret.

Tertius testis accedit codex Casinensis [1]) Nr. 247, membranaceus, formae octonariae, minimum ex partibus quinque constans. Euagrii dialogus in paginis 323—361 saeculo XI—XII litteris characteris langobardico-casinensis exaratus est; antecedit *Hieronymi Altercatio Luciferiani et Orthodoxi*, sequitur pseudoaugustiniana *Altercatio ecclesiae et synagogae*. nouandi cupiditate abreptus scriba codicis *C* suo Marte haud pauca tentauit. unde factum est, ut multae eius scripturae magis speciosae quam uerae uideantur. hunc librum, quem O. de Gebhardt explorauit, inspicere nequiui. sed A. Harnack collationem accuratam, quam Nic. Mueller Berolinensis parauerat et ei tradiderat, in usum meum benigne suppeditauit. praeterea in auxilium uocaui textum, quem monachi Casinenses typis describendum curauerunt. sed non uereor, ne mihi crimini uertatur, quod collationem Muelleri praestantiorem iudicauerim. nam illi nonnumquam ex editione Harnackiana pependisse et in uniuersum imaginem codicis non religiosissime *C*

[1]) Cf. Bibliotheca Casinensis. Tomi V pars I. 1894 p. 1—3 et (Florilegium) p. 21—33.

depinxisse uidentur. — Ex codice Casinensi fluxit codex Vaticanus nr. 7257 saeculi XVII, quem fortasse L. Zaccagni, bibliothecae Vaticanae custos († 1712), conscripsit. adhibui collationem, quam H. Hackel confecit, ab Academia Vindobonensi liberaliter mihi transmissam. codex Vaticanus praebet textum emendationibus uilissimis exornatum; quare hoc libri Casinensis apographum ut nullius pretii ab apparatu critico omnino exclusi.

V Quarto loco adferendus est codex Vindocinensis, unde primum impressa a. 1717 prodiit Euagrii apologia. qua in editione diligenter, ut uidetur, adornata, cum liber manuscriptus ipse neque in Bibliotheca Vindocinensi praesto sit neque alibi adhuc reperiri potuerit, nobis acquiescendum est. hic codex, licet barbaris corruptelis redundauerit, tamen uerba genuina auctoris ipsius et translationis Sacrae Scripturae, quae Itala falso appellatur, nonnumquam inexspectata fide posteritati propagauisse censendus est. in nouissimo [1]) Bibliothecae Vindocinensis catalogo codex ille, qui *Altercationum liber Ius* inscriptus erat et nunc desideratur, saeculo XI—XII ortus esse dicitur.

Praeterea in catalogis antiquis duorum Altercationis codicum seruata est memoria. atque in catalogo quidem Bibliothecae monasterii Centulensis anno 831 conscripto commemoratur Altercatio pleno titulo apposito *altercatio legis inter simonem iudaeum et theophilum christianum*. quae inscriptio talem formam habet, ut, si coniecturae locus est, deperditum apographum cum teste *B* cognationis uinculo iunctum fuisse putauerim. deinde Th. Zahn me certiorem fecit in breuiario [2]) codicum monasterii Laureshamensis (saec. X) *editas ab euagrio altercationes theophili christiani et simonis iudaei* laudari. de quibus adhuc nihil amplius auditum est. sed ut in codicis

[1]) Cf. Catalogue général des manuscrits des Bibliothèques publiques de France. Départements. Tom. III. Paris 1885 p. 454 nr. 182.

[2]) Cf. G. Becker, Catalogi bibliothecarum antiqui. Bonnae 1885 p. 99 nr. 256.

Vindocinensis titulo ita etiam in codicis Laureshamensis inscriptione nomen Christiani nomini Iudaei praepositum est.

Codices quotquot exstant ex communi archetypo saepius a genuina forma operis distante originem traxisse haud paruus numerus mendorum, quae omnibus libris communia sunt, docet. differunt autem multo pluribus locis lectiones codicum inter se ita, ut facile minimum duas librorum familias agnoscas, in quas ita discedunt codices, ut alteri *B*, alteri *RCV* accensendi sint. atque scripturarum uarietatem subtiliter inquirentibus uix dubium esse potest, quin codici *B* ducis locum concedere debeamus. maior enim eius auctoritas in eo uidetur, quod saepissime et haud raro solus uera uerorumque uestigia aut mendorum formas primas, unde interpolatorum tentamina explicantur, seruauit. nec uero bonitas eius tanta est, ut non corruptelis laboret, quibus alterius familiae testes uacant. quare ad textum constituendum etiam libri *RCV* haud parum ualent. et *R* quidem fortasse ex ipso codice suae familiae parente descendit, sed manum interpolatricem passus est ita, ut, quamquam haud raro libros *CV* utpote uenerandae uetustatis testis praestantia superat. tamen iis lectionibus, quae codice *R* solo traduntur, nisi contextus uerborum et rerum eas uehementer defendat, exigua fides sit habenda. libros *CV* artiore uinculo inter se cohaerere multarum lectionum mirus consensus demonstrat, ut ambos codices per recensionem mediam satis libere grassantem ex archetypo trium illorum librorum *RCV* deriuatos esse statuamus necesse sit. nec uero quemquam fugere potest numerus lectionum libris *BC* et *BV* peculiarium. quas A. Engelbrecht ita ortas esse explicat, ut post recensionem consensu librorum *CV* repraesentatam librum *B* uel eius similem lectiones quasdam codicibus *C* et *V* suppeditauisse dicat; ego eas partim genuinum archetypi omnibus codicibus communis textum exhibere partim ita ortas esse, ut casu quodam codices *C* uel *V* hic illic cum *B* conspirent, putauerim.

Quo cognationis uinculo singuli codices iuncti sint, ut clarius perspiciatur, hoc fere proponi potest stemma:

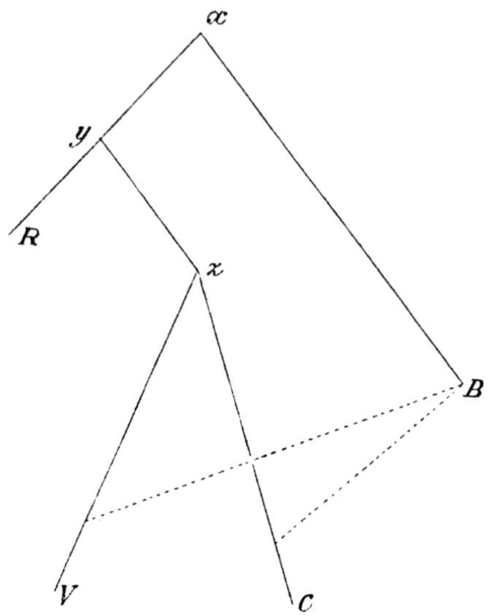

Dialogum Euagrii primus edidit ex uno codice Vindocinensi Martene in tomo V Thesauri Noui Anecdotorum 1717 p. 1—18, unde in Bibliothecas Patrum Gallandianam (Bibl. uol. IX) et Mignianam (Patr. lat. uol. XX) transiit. creuit honor eius, postquam A. Harnack (Texte und Untersuchungen I, 3 Leipzig 1883) textu e codice Bambergensi emendato probare studuit Altercationem esse Aristonis Pellaei dialogi, qui Ἰάσονος καὶ Παπίσκου Ἀντιλογία dicitur, ab Euagrio ad fidem et mores sui temporis leuiter mutati latinam interpretationem. textus, quem monachi ordinis S. Benedicti abbatiae Montis Casini in Florilegio tomi V partis I Bibliothecae Casinensis p. 21 sq. a. 1894 sine apparatu et sine adnotationibus uulgauerunt, praecipue uno codice Casinensi nititur.

Coniecturam illam de origine Altercationis factam hodie uix Harnack ipse defenderit. sed ne id quidem contendere audeam Euagrium apologiam Aristonis legisse flosculosque ex ea excerpsisse. nam nullam uocum uel sententiarum Aristoni peculiarium certam memoriam in Altercatione reperire possum. aliorum uero scriptorum antiquorum ecclesiasticorum studio

Euagrium incubuisse satis ueri simile est. inprimis ex operibus Tertulliani et Cypriani necnon ex homiliis, quae „Tractatus Origenis“ uocantur, libellum suum contexuisse uidetur. sed non facile est dictu, et a quibus et quae mutuatus sit. nam patres ecclesiae numquam nominatim laudat atque ea, quae ex alienis auctoribus deprompsit, non ad uerbum repetere sed ad suum arbitrium et propositum castigare solet.

Ex Veteris et Noui Testamenti libris, si qua citat, Euagrius adducit secundum uersionem Hieronymi textu antiquiorem. sed etiam in Sacrae Scripturae uerbis reddendis magnam audaciam ostendit, ut eadem testimonia pluribus locis perhibita inter se discrepare deprehendas omninoque lacunas, additamenta, alias lectionum ordinariarum mutationes saepe detegas.

Quicumque uel obiter perlegerit Euagrii opusculum, in haud exiguis difficultatibus uersari eius et recensionem et interpretationem animaduertet. cui incommodo ut pro uirili parte occurrerem, indices locupletissimos huic uolumini inserui, quibus commentarii loco utantur uelim lectores. sed etiam ex re omnium uisum est, quaecumque hac praefatione et editione quam breuissime absoluta sunt de libris manuscriptis, textus recensione, Altercationis natura fontibus auctore, fusius tractare peculiari commentatione, quae epilegomenon instar ad hanc editionem Annalibus Academiae Vindobonensis anni 1904 inserta propediem prodibit.

Huic praefationi finem imponere non possum, nisi uiris doctissimis gratias egero maximas, qui in Euagrii dialogo edendo me adiuuerunt, inprimis Augusto Engelbrecht, cuius singulari liberalitati et consilio et operae permulta debeo, deinde Petro Corssen, Willibaldo Foerster, Adolfo Harnack, Alfredo Holder, Ludouico Traube, Theodoro Zahn, quorum suis quisque beneficiis me sibi deuinxit.

Inueniat et auctor et editor propitios iudices!

Vratislauiae, mense Aprili a. 1904.

Eduardus Bratke.

SIGLORVM CONSPECTVS.

B = Codex Bambergensis B III 31 saec. IX—X.
R = Codex Augiensis CCLIII saec. VII.
C = Codex Casinensis 247 saec. XI—XII.
V = Codex Vindocinensis deperditus saec. XI—XII.
puncta subscripta sunt iis codicum litteris, quae minime aut non perspicue cognosci poterant.
A. = Altercatio legis inter Simonem Iudaeum et Theophilum Christianum.
Consult. = Consultationum Zacchaei Christiani et Apollonii philosophi libri tres (Migne, Patrol. lat. XX [1845] p. 1071—1166).
Cypr. = Cypriani opera. ed. Hartel. 3 Tom. 1868—1871.
Euch. = Eucherii Lugdunensis opera. ed. Wotke. Pars I. 1894.
Firm. Mat. = Iulii Firmici Materni Lib. de errore profanarum religionum, ex recensione C. Halmii. 1867.
Hahn = A. Hahn, Bibliothek der Symbole und Glaubensregeln der alten Kirche. 3. Aufl. von L. Hahn mit einem Anhange von A. Harnack. 1897.
Orientius = Orientii opera (certa et dubia). ed. Ellis. 1888.
Phoeb. = Phoebadii Aginnensis Lib. contra Arianos (Migne, Patrol. lat. XX [1845] p. 13—30).
[Phoeb.] Lib. fidei = Libellus fidei Phoebadio adscriptus (Migne, Patrol. lat. XX [1845] p. 49—50).
[Phoeb.] Tract. d. f. = Tractatus de fide orthodoxa contra Arianos adscriptus Phoebadio (Migne Patrol. lat. XX [1845] p. 31—50).
Tert. = Tertulliani opera. ed. Oehler. 3 Tom. 1851—1854. — ed. Reifferscheid et Wissowa. Pars I (cum numeris et paginarum et linearum) 1890.
Tract. Orig. = Tractatus Origenis de libris ss. scripturarum. ed. Batiffol. 1900.

EVAGRII

ALTERCATIO LEGIS INTER SIMONEM IVDAEVM ET THEOPHILVM CHRISTIANVM.

ALTERCATIO LEGIS INTER SIMONEM IUDAEUM ET THEOPHILUM CHRISTIANUM.

I Domino fratri Valerio Euagrius salutem. Gratissimam tibi referam quaestionem factam nuper sub oculis nostris, quam tu quoque, cum cognoueris, gratanter accipies. fuit igitur altercatio legis inter quendam Simonem Iudaeum et Theophilum Christianum.

1 cf. Gennadius, De uiris inlustr. c. 51 (ed. Richardson apud O. de Gebhardt et A. Harnack, Texte und Untersuchungen. XIV, 1896 p. 79): *Euagrius alius scripsit Altercationem Simonis Iudaei et Theophili Christiani quae paene omnibus nota est.* e Gennadio pendent Marcellinus Comes, Chronicon (Monumenta Germaniae. Auctores antiquiss. Tom. XI. Pars I. 1893 pag. 76. ed. Th. Mommsen) ad an. 423 et Honorius Augustod. De script. eccl. II, 49 (Migne Patrol. lat. 172, 216).

1 altercatio legis inter simonem iudaeum et theophilum christianum *codex Centulensis* editae ab euagrio altercationes theophili christiani et simonis iudaei *codex Laureshamensis* incipit altercatio legis inter symonem iudeum et theofilum christianum *(additum est a manu recenti* quam scripsit Euagrius) *B* incipit liber euagrii monachi de altercatione symonis iudei (*ex* iudee *corr. m. 1*) et theophili episcopi alexandrini (*sequuntur uerba rubra* e Gennadio de uiris illustribus *et uita Euagrii, quam Gennadius enarrauit, a manu recenti scripta*) *C* (*V nec titulum nec auctorem prae se tulisse uidetur, Martene inscribit dialogum* Altercatio inter Theophilum Christianum et Simonem Iudaeum) 3 Domino—salutem *scripsi*, domino fratri ualerio aelius (e *nominis* aelius *in ras.; 1 ut uidetur in ras., certe sine integritate primae originis; Th. Zahn* [*Forschungen etc. IV. 1891 p. 313*] *opinatur* agrius *esse natiuam codicis lectionem formamque corruptam nominis auctoris* Euagrius) salutem *B, om. C, def. V, cf. „Epilegomena“ § 3* gratissimam—5 accipies (refero *et* nuper factam *C*) *BC, def. V* *a* fuit *incipit V*

Iudaeus igitur sic ait: Crucicola, signifer, Christianae legis te profiteris esse doctorem. habes et me patientem auditorem, si modo interrogationibus meis non lenocinio sermonum nec argumentis uerborum sed legis praesentia conprobes ueritatem. aut, si tu me hodie reuiceris, facito Christianum; aut, ego te cum superauero, faciam Nazoraeum Iudaeum.

Theophilus Christianus dixit: Non glorietur gibberosus sicut rectus.

II, 1 *Simon Iudaeus dixit:* Quem colis?

Theophilus Christianus dixit: Deum.

Simon Iudaeus dixit: Ego tecum de Christo crucifixo contendo, quem uos dominum dicitis.

Theophilus Christianus dixit: Sane dicimus et audenter probamus dominum deum esse.

Simon Iudaeus dixit: Sacri uenerandique libri Deuteronomii uox resultans dicit: uidete, quoniam ego sum, et non est alius praeter me deus. Esaias dicit: ego primus et ego nouissimus, et praeter me non est deus.

6 *Nazoraeum*] cf. Gen. 49, 26. Num. c. 6. Deut. 33, 16. Iudd. 16, 17. Thren. 4, 7 16 Deut. 32, 39 17 Esai. 44, 6

Auctores: 1 *crucicola, signifer*] cf. A. 34, 10—35, 12. 53, 1 *signo—consecrari* 6 *Nazoraeum Iudaeum*] cf. A. 48, 7. 51, 5—8. — At Nazaraei Christiani apud Tert. Adu. Marc. IV, 8 et Tract. Orig. II p. 20, 25—21, 1. XII p. 138, 10—11 (p. 214).

1 crucicola *CV*, crucola *B* 2 doctorem *BC*, auctorem *V* auditorem *CV*, adiutorem *B* 3 non *BV*, et n. *C* lenocinio *BC*, lenociniis *V* nec *B*, aut *CV* 4 uerborum *B*, *om. CV* 5 aut *pr. B*, quod *CV* reuiceris *BC*, uiceris *V* te cum *BC*, cum te *V* 6 nazoreum *C*, natorem *B*, nazaraeum *V* 7 gibberosus *B*, gybberosus *C*, giberosus *V* sicut *BC*, ut *V* 10 Theophilus—*12* dicitis *om. V* 12 dominum *B*, deum *C* 13 sane *BC*, sane si *V* 14 dominum deum esse *B*, *om. CV* 15 libri *BC*, *om. V* 16 uidete *BV*, uidete uidete *C* quoniam *BC*, quod *V* sum *BV*, s. deus *C* 17 alius *BV*, *om. C* praeter me deus *BV*, d. p. m. *C* eseias *B*, et esaias *CV*

Theophilus Christianus dixit: Sacratissima Christi uox est. quam si tu uolueris cognoscere, oportet te primum credere. tunc demum poteris intellegere. Esaias enim redarguit te dicens: nisi credideritis, non intellegetis. indubitanter igitur deum omnipotentem, inuisibilem, inmensum, inconprehensibilem nouimus et scimus et colimus, deinceps Christum deum et dei filium profitemur. quod autem dicit: ego primus et ego nouissimus, duos aduentus Christi significat.

Simon Iudaeus dixit: Quid illud, quod ait: praeter me non est deus?

Theophilus Christianus dixit: Christus deus, dei filius, de se dixit, quia praeuidebat Antichristum uenturum et se deum dicturum. de quo Zacharias propheta dicit: ecce suscito pastorem in terram, et quod deficiet non denotabit et disparsum non requiret et contribulatum non saluabit et integrum non consummabit et carnes electorum comedet et talos eorum euertet, et gladius eorum super brachium eius est et super oculum dextrum ipsius. brachium ipsius arefiens arefiet, et oculus ipsius dexter obcaecatus obcaecabitur. proinde Christus dicit: ego primus et nouissimus, et praeter me non est deus.

4 Esai. 7, 9 13 Zach. 11, 16—17. cf. II Thess. 2, 3—4

Auctores: 9—4, 12 cf. Euch. Instr. I p. 96, 26—97, 13

2 si tu *BV*, si *C* 3 tunc *B*, et t. *CV* 5 deum *CV*, dominum *B* inmensum inconprehensibilem *BC*, *om. V* 7 dicit *BV*, dixit *C* 8 ego (*supra et infra* ego *ras. B*) *BV*, *om. C* 9 quid *BV*, q. est *C* 11 dei *BC*, et dei *V* 12 antichristum *CV*, antechristum *B* et—dicturum *B*, *om. V*, e. deum s. d. *C* 13 suscito *BC*, suscitabo *V* 14 terram *BC*, terra *V* denotabit (*ex* denotauit) *B*, uisitabit *V*, uisitauit *C* 15 disparsum *B*, dispersum *C*, dispersos *V* 17 et talos *BC*, *om. V* et gladius eorum *B*, gladius *V*, gladium *C* 18 eius *BC*, ipsius *V* 19 brachium ipsius *BC*, *om. V* arefiens arefiet *BV*, arefiet *C* 20 dexter obcaecatus obcaecabitur *BC*, obcoecabitur dexter *V* 21 nouissimus *BC*, ego n. *V* et praeter—deus *BC*, *om. V*

Simon Iudaeus dixit: Ergo tu duos deos facis?

Theophilus Christianus dixit: Deus unus est, ex quo Christus et in quo deus, sicut Abrahae ad ilicem Mambre tres uisi sunt, quibus occurrens unum salutauit dicens: domine, si inueni gratiam ante te, accipiam aquam, et lauentur pedes uestri, et refrigerate sub arbore — quod tres scilicet uidebantur — ex praescientia diuinitatis, quod arbor crucis Christi credentibus tegmen refrigerii praestaret. aequo enim propheta in psalmo LXXXI dicit: deus stetit in synagoga deorum, in medio autem deos discernens. utique de Christo dicit, qui in synagogis uestris docuit et uirtutes magnas fecit. proinde in psalmo XLIIII dicit: thronus tuus, deus, in saecula saeculorum, uirga aequitatis uirga regni tui. dilexisti iustitiam et odisti iniquitatem, propterea unxit te, deus, deus tuus oleo laetitiae plus quam participes tuos. quis deus uel quem deum dixit, Iudaee? utique deus pater de Christo filio suo, pro quo et de

2—3 cf. Ioh. 1, 1. 10, 30 4 Gen. 18, 3—4 8—12 cf. Ioh. 10, 33—36. Marc. 1, 21—27. 3, 1—5 al. 9 Ps. 81, 1 12 Ps. 44, 7—8

Auctores: 7—8 cf. Tract. Orig. II p. 15, 2—10 8—5, 11 cf. Cypr. Test. II, 6 8—12 cf. Tract. Orig. VI p. 58, 1—22 A. 8, 4—5

1 deos *BC*, *om.* *V* 2 deus unus est *BV*, u. e. d. *C* 3 in *CV*, *om.* *B* sicut *BV*, *om.* *C* ad *BV*, autem ad *C* mambre *BC*, mambrae *V* 4 uisi sunt *BC*, uidit *V* domine *CV*, *om.* *B* 5 accipiam *BC*, accipe *V* 6 refrigerate *BC*, refrigera te *V* arbore *B*, a. ista *C*, arborem istam *V* tres scilicet *B*, scilicet abraham *CV* 7 uidebantur *B*, uidebat *CV* ex praescientia *B*, praesentiam *CV* 8 credentibus tegmen *BC*, t. c. *V* aequo enim *B*, de quo *CV* 9 LXXXI dicit *B*, *om.* *V*, octogesimo primo d. *C* 10 deos *BV*, dš *C* discernens *B*, discernit *C*, diiudicat *V* 11 sinagogis (*sic*) uestris *B*, synagoga *C*, synagoga deorum *V* 12 magnas *B*, *om.* *CV* XLIV dicit *C*, LXIV d. *B*, quadr. quarto d. *V* 15 unxit *B*, uncxit *C*, benedixit *V* deus *pr.* *BC*, *om.* *V* plus—tuos *BC*, prae participibus tuis *V* 16 uel quem *B*, pro quo *C*, propter quem *V* deum *V*, deo *C*, dominum *B* 17 de christo filio *B*, d. chr. deo f. *C*, christum dei filium *V* suo *B*, *om.* *V*, eius *C*

quo receptissimus prophetarum Hieremias dicit: hic est deus noster et non est alius nec aestimabitur absque illo, qui inuenit omnem uiam prudentiae et dedit eam Iacob puero suo et Israel dilecto suo. post haec in terris uisus est et cum hominibus conuersatus est. item in psalmo XLV dicit: uacate et uidete, quoniam ego sum deus, exaltabor in gentibus et exaltabor in terra. et in psalmo LXVII: cantate domino, psallite nomini eius, iter facite ei, qui ascendit in occasum; dominus nomen est illi. longum erit, ut exempla prosequar plura; his paucis ueritas conprobatur.

Simon Iudaeus dixit: Recte quidem accumulent testimonia unito spiritu fruentes, operi tuo consentientes. sed illud uolo edisseras mihi, sicubi in loco deus per semetipsum deum Christum constituit. tunc demum Christum deum et dei filium credere cogitabo.

Theophilus Christianus dixit: Incredule Iudaee, iam et de prophetis disputas? accipe tamen interrogationi tuae responsum. deus ad Moysen loquitur dicens: ecce dedi te deum Phara-

1 Baruch 3, 35—37 6 Ps. 45, 11 8 Ps. 67, 5 19 Exod. 7, 1

Auctores: 1—5 cf. [Phoeb.] Tract. d. f. c. 7 p. 44 AB 12 *testimonia*] cf. Cypr. Test.

1 hic est deus noster *B*, hic deus *CV* 2 aestimabitur *BV*, existimabitur *C* 3 omnem uiam prudentiae *B*, omnem prudentiam *CV* eam *BC*, *om. V* 6 dicit uacate *BV*, uacate *C* 8 et *BV*, item *C* LXVII *C*, sexagesimo septimo *V*, XLVII *B* 9 in *BC*, super *V* dominus *BV*, deus *C* 10 est *BC*, *om. V* illi *BV*, ei *C* erit *BC*, est *V* exempla *V*, exemplaria (*ex* exemplar) *B*, in exemplar *C* prosequar *BC*, persequar *V* plura *BV*, plurima *C* 12 accumulent testimonia *Engelbrecht*, accolent (c *pr. super ras.*) t. *B*, accolent testimonio *C*, ad colentes testimonia *V* 13 fruentes B^1, fruentis B^2, fatentes *CV* operi *B*, ori *CV* consentientes *CV*, consentientis *B* 14 mihi *BC*, *om. V* deum christum *C*, chr. d. *V*, dominum chr. *B* 15 deum *CV*, dominum *B* 16 credere *BC*, *om. V* 17 incredule iudaee *BV* (*sed cf. 18, 12*), incredule *C* 18 interrogationi (interrogationis B^2) tuae *B*, interrogationibus tuis *CV* 19 moysen *BC*, moysem *V* deum *CV*, dn̄m (m *in ras.*) *B* pharaoni *C*, faraoni *B*, pharaonis *V*

oni, et Aaron frater tuus erit tuus propheta. peruide hunc Moysen typum Christi fuisse, gentium incredibilium deum; quanto magis Christus credentium est deus! sicut Moyses populum de Aegypto, de durissima Pharaonis seruitute liberauit, ita et Christus populum suum de idolorum seruitute et de diaboli potestate liberauit.

Simon Iudaeus dixit: Si ergo Christus deus est et dei filius, quomodo ergo in Genesi scriptum est: in principio fecit deus caelum et terram? poterat utique dixisse: in principio fecit deus pater et deus filius caelum et terram.

Theophilus Christianus dixit: Erras, Iudaee, nec umquam inuenies ueritatem, nisi ueritatis intellegas originem. nam si uelis credere, poteris et principium eius inuenire, qui est Christus, dei filius. sic enim: in principio, ait, fecit deus caelum et terram, hoc est in Christi arbitrio et ad eius uoluntatem et ad cuius imaginem et similitudinem [nostram]

3—5 cf. Exod. c. 1—15 8 Gen. 1, 1 12 *ueritatis . . . originem*] cf. Ioh. 14, 6 13 *principium*] cf. Ioh. 8, 25 ex ant. uers. text. lat.

Auctores: 2 *Moysen typum Christi*] cf. Tract. Orig. VII p. 77, 2—3. A. 21, 12—14 2—6 cf. Tract. Orig. VII p. 76, 17—77, 5. 10—12. A. 33, 14—34, 12 5 *idolorum seruitute*] cf. Consult. I, 18 p. 1084 D A. 34, 8 7—7, 3 cf. Euch. Instr. I p. 66, 17—22. 92, 1—3. 97, 2—3. Consult. II c. 3 p. 1111 C et c. 5 p. 1115 C 13 *principium:* [Orientius] De trin. p. 245, 35 16 *ad cuius*—7, 6 *erras* cf. Tert. Adu. Prax. c. 12

1 aaron frater tuus *B*, f. t. a. *CV* tuus propheta *BC*, p. t. *V* peruide *BC*, praeuide *V* 2 hunc *B*, nunc *CV* moysen *BC*, moysem *V* typum *BV*, initium *C* 3 sicut *B*, s. enim *CV* 4 de *alt.* *B*, *om.* *CV* 5 liberauit *BC*, *om.* *V* ita *BC*, sic *V* populum— et *B*, p. in se credentem (i. s. c. *in ras. a m. 1*) *C*, credentes *V* 8 genesi *BV*, genesis *C* 9 fecit deus *BV*, d. f. *C* poterat utique *B*, potuerat *CV* dixisse *V et ut uid.* *B*[1], dicere *B*[2]*C* 10 deus *pr.*—filius (filius *ex* filium *B*) *BC*, pater et dei filius *V* 13 uelis *CV*, uelles *B* poteris *B*[1]*CV*, poteras *B*[2] principium *BC*, in principio *V* eius *BV*, ipsius *C* qui *BC*, quis *V* 14 in principio *B*, *om.* *CV* 15 arbitrio *BV*, arbitrium *C* eius uoluntatem et *BC*, u. eius et *V* 16 cuius *BV*, eius *C* imaginem et similitudinem nostram *BC*, imaginem *V* nostram *uncis seclusi*

hominem facere dignatus est. dicit enim: faciamus hominem ⟨ad imaginem et similitudinem nostram⟩! et rursus infra dicit: fecit deus hominem ad imaginem dei, masculum et feminam fecit eos.

Simon Iudaeus dixit: Potuit hoc et ad angelos dixisse.

Theophilus Christianus dixit: Erras, Iudaee. cui enim angelorum dixit deus: filius meus es tu, ego hodie genui te? et rursus in psalmo dicit: ponam principem illum, excelsum prae omnibus regibus terrae. angelis autem iubet, ut Christum adorent. et iterum in cantico Deuteronomii dicit: laetamini, gentes, cum eo, et adorent eum omnes angeli dei.

Simon Iudaeus dixit: Proba mihi Christum principem esse.

Theophilus Christianus dixit: Iam dixi. nunc accipe aliam probationem, si poteris uel sic credere. nam cum Iesus filius Naue staret trans Iordannem, uidit uirum stantem, et gladius utraque parte acutus in manu eius. dicit illi Iesus: noster

1 et 3 Gen. 1, 26. 27 5—12 cf. Hebr. 1, 5—6 7 Ps. 2, 7 8 Ps. 88, 28 10 cf. Ps. 96, 7 11 Deut. 32, 43 16 *gladius—acutus*] cf. Apoc. 1, 16. 2, 12. 19, 15 17 Ios. 5, 13 sq.

Auctores: 7 cf. Consult. II, 13 p. 1132 B 13—8, 2 cf. Consult. II, 13 p. 1131 C *Ille denique—edixit.* A. 43, 16 sq.

1 hominem—hominem *om. C* facere dignatus est *B*, d. e. f. *V* 2 ad imaginem et similitudinem nostram *add. Engelbrecht et ego* et *alt.*—hominem *om. V* rursus *B*, rursum *C* 3 dei *B*, et similitudinem d. *CV* 5 hoc et *BV*, e. h. *C* dixisse B^1CV, dicere B^2 6 enim *BC*, umquam *V* 7 dixit deus *BV*, dixit *C* 8 rursus *BV*, iterum *C* psalmo dicit *BV*, psalmo octogesimo octauo *C* ponam principem *B*, pr. p. *CV* 9 omnibus *BC*, *om. V* 10 ut *BC*, *om. V* et iterum in *BV*, in *C* cantico *C*, canticum B^1V deuteronomii (e *alt. in ras. B*) dicit *BV*, deuteronomii *C* 13 principem esse *BC*, e. p. *V* 14 nunc accipe *B*, a. n. *V*, a. *C* 15 poteris *B*, potueris *CV* 16 iordannem *B*, iordanem *CV* uidit uirum *BC*, uir. uid. *V* stantem *BV*, st. contra se *C* gladius *BV*, gladium *C* 17 utraque *BV*, ex u. *C* acutus B^1CV, erat *addit* B^2 dicit *BC*, dixit *V*

es aut aduersariorum? at ille respondit: ego sum princeps militiae maiestatis domini.

II, 2 *Simon Iudaeus dixit:* Et hoc modo uolo mihi edisseras, quomodo est filius dei Christus. nam et omnes sancti filii dei dicti sunt. proinde sicut mihi probasti principem illum esse, proba mihi nunc illum dei filium ex deo natum. longe enim remota est diuinitas a coitibus humanis nec miscetur conplexui.

Theophilus Christianus dixit: Loqueris quasi Iudaeus. nam Christus deus, dei filius, primogenitus, uerbo editus, ore prolatus, uuluae intaminatae iaculatus. sicut enim deus in principio, cum hominem e limo terrae faceret, flatum suum in eundem spirauit — et factus est homo in animam uiuam —, ita et uerbum suum, hoc est Christum, ex utero cordis sui genuit, sicut in Basilion libro secundo dicit: et fuit uer-

4 cf. Ps. 81, 6 13 Gen. 2, 7 15 II Reg. 7, 4—5. 12—14. 16

Auctores: 4 cf. A. 4, 8—12 10—11 *Christus—iaculatus*] cf. A. 11, 8. 17, 13—16. 19, 10—11 9—12, 14 cf. Tert. Adu. Prax. c. 5—8 (10 *primogenitus*] cf. c. 7 p. 660. *uerbo editus*] cf. c. 5—7. *ore prolatus*] cf. c. 6—8. 14 *ex utero—genuit*] cf. c. 7 p. 660 *est primogenitus —cordis ipsius*). c. 11. 19. 21. 28. Adu. Hermog. c. 3. 18—20 10 *uerbo editus*] cf. Consult. II, 13 p. 1131 A *filius in uerbo ... natus ex patre* 15 cf. Consult. II, 13 p. 1131 C. Cypr. Test. I, 15. II, 11

1 aut *B*, an *CV* at ille respondit *BC, om. V* sum *BC, om. V* 3 modo uolo *B*, u. *V*, u. ut *C* 4 est *BV*, *om. C* dei *BC*, *om. V* 5 dicti *BV*, *om. C* mihi probasti *BV*, approbasti *C* *a* pem (*in* principem) *incipit cod. R fol. 113*^{2} illum] *om. R* 6 proba] aproba *R* mihi *BR*, *om. CV* illum *BC*, *om. R*, *post* filium *add. V* 7 coitibus *BV*, coetibus *R*, cetibus *C* 8 conplexui *B*, . . mplexui *R*, complexui *C*, amplexui *V* 10 deus] *om. C* dei] deus *V* editus] genitus *C* 11 uuluae—iaculatus *scripsi*, *om. CV*, ḅulbae int. iac. est *R*, u. incontaminatae iac. *B* (*cf. 19, 10*) in principio cum hominem] eum h. i. pr. *V* 12 e] de *C* faceret] fecerat *V* 13 eundem *B*, eumdem *V*, eodem *C*, eum *R* spirauit *B*, spirauerat *V*, aspiraụit *R*, inspirauit *C* uiụam *R* 14 ita et] e. i. *V* 15 basilion *V*, regnorum basylion *C*, regnorum *BR* secundo *BRV*, *om. C* fuit] factum est *C*

bum domini ad Natham prophetam dicens: uade et dic seruo meo Dauid: non tu aedificabis mihi domum ad inhabitandum, sed, cum inpleti fuerint dies tui et dormieris cum patribus tuis, excitabo semen tuum post te. hic aedificabit domum nomini meo, et erigam thronum illius usque in saecula, et ego ero illi in patrem, et ipse mihi erit in filium, et fidem consequetur domus eius. item in psalmo II dicit: quare fremuerunt gentes et populi meditati sunt inania? adstiterunt reges terrae et populi conuenerunt in unum aduersus dominum et aduersus Christum eius: disrumpamus uincula eorum et proiciamus a nobis iugum ipsorum. qui habitat in caelis inridebit eos et dominus subsannabit eos. tunc loquetur ad eos in ira sua et in furore suo conturbabit eos. ego autem constitutus sum rex ab eo super Sion montem sanctum eius, praedicans praeceptum domini. dominus dixit ad me: filius meus es tu, ego hodie genui te. pete a me, et dabo tibi gentes hereditatem tuam et possessionem tuam terminos terrae. reges eos in uirga ferrea et

8 Ps. 2, 1—9

1 natham *B*, naṭḥạm *R*, nathan *CV* *ab* ạm (*in nomine proprio*) *inc. codicis R fol. 106*[1] 3 inhabitandum *B*, habitandum *RCV* inpleti *B*, impleti *CV*, conpleti *R* tui et] tui ad inhabitandum et *B* 4 dormieris—tuis *BR*, *om. CV* excitabo] suscitabo *V* 6 thronum *CV*, tronum *R*, domum *B* illius *BR*, eius *CV* illi] ei *C* 7 patrem B^1V, patre RB^2C mihi erit *B*, erit mihi *CV*, erit *om. R* filium *CV*, filio *BR* fidem] fides *B* 8 domus *RC*, et domus *V*, domum *B* item] et *V* II *V*, secundo *BR*, *om. C* *a* muerunt *inc. cod. R fol. 113*[1] 9 adstiterunt *usque 10, 1* eos *om. V* 10 populi *B*, principes *RC* in unum *BR*, *om. C* 11 dominum *BC*, ḍẹuṃ *R* disrumpamus *BC*, dirumpamus *R* 12 proiciamus *BC*, abiciamus *R* 13 celis *R* 14 thunc *R* 18 meus *BC*, *om. R* pete *BR*, postula *C* 20 *a* terminos *inc. cod. R fol. 106*[2]

tamquam uas figuli confringes eos. item in psalmo XLIIII: eructauit cor meum uerbum bonum, dico ego opera mea regi. et Esaias dicit: consummatas quidem et breuiatas res audiui, quoniam uerbum breuiatum faciet deus in omni terra. hoc est uerbum, quod uerbera nostra sanauit, de quo in psalmo CVI dicit: misit uerbum suum et sanauit eos. item in alio psalmo deus testimonium perhibet per prophetam dicens, quod caelum, de quo supra diximus, de Christo et in Christo, quod est uerbum dei, fecerit: uerbo domini caeli solidati sunt et spiritu oris eius omnis uirtus eorum. hoc est uerbum, quod uelociter mundum percucurrit et animas errantium per legem nouam ad dominum conuertit, de quo in psalmo CXLVII dicit: qui emittit uerbum suum terrae, uelociter currit uerbum eius. et Esaias dicit: ecce uerbum domini factum est illis in

2 Ps. 44, 2 3 Esai. 10, 22—23 6 Ps. 106, 20 10 Ps. 32, 6 13 Ps. 147, 15 15 Hier. 6, 10

Auctores: 1—11 cf. Cypr. Test. II, 3 8 *supra*] cf. A. 6, 7—16 12 *legem nouam*] cf. A. 2, 1

1 confringes *B^2RC*, confringis *B^1* eos. item *BC*, eos et nunc reges intellegite. item *R* psalmo] alio psalmo *R* 2 quadragensimo quarto *R* bonum] *om. R* 3 et *BR*, *om. V*, item *C* dicit] *om. C* consummatas *V*, consumatas *C*, consummatur *B*, consum.. sunt *R* 4 breuiatas] adbreuiatas *V* 5 deus] dominus *C* hoc] hic *V* quod *BR*, qui *CV* uerbera *BV*, uulnera *RC* 6 CVI *BC*, centesimọ ṣẹx̣ṭọ *R*, centesimo quinto *V* *a* t (*in* dicit) *inc. cod. R fol. 100* ^{2} 7 alio] alium *R* psalmo] *om. R* deus—caelum *scripsi*, dicens deus test. perh. per pr. d. q. c. per prophetam dicens *B*, test. perh. propheta d. q. c. (celum *R*) *RCV*, *cf. 11, 6. 46, 7* 8 de quo supra] desuper *R* 9 de] *om. V* quod *B*, qui *RCV* fecerit] *om. R* 10 domini] dei *R* celi *R* solidati *BR*, firmati *CV* 11 hoc] hic *V* est] *om. B* quod] qui *V* mundum] ....ntium (errantium *ex dittogr. ?*) *R* 12 percucurrit *B*, percurrit *RV*, pertransiit *C* nouam] *om. R* dominum *BR*, deum *CV* 13 CXLVII *B*, centesimo quadragesimo septimo *C*, centesimo septimo *R*, centesimo quadragesimo sexto *V* dicit] *om. V* emittit] mittit *C* 14 uerbum *alt. B*, sermo *RCV* 15 dicit *BV*, *om. RC* ecce] *om. C* domini] dei *R*

maledictum, et noluerunt illud. nam, si uelis Iohannem nostrum audire prophetico ore clamantem, in principio erat uerbum, et uerbum erat apud deum, et deus erat uerbum. hoc erat in principio apud deum. omnia per illum facta sunt, et sine illo factum est nihil. et rursus filius pari genere testimonium reddit patri et natiuitatis suae exordia testatur dicens apud Salomonem: ego ex ore altissimi prodiui primogenitus ante omnem creaturam. ego in caelis feci, ut oriretur lumen indeficiens. ego in altis habitaui, et thronus meus in columna nubis. uides ergo, Simon, exeuntibus patribus tuis de Aegypto quia Christus erat, qui in columna nubis praecedebat eos. item illic in Prouerbiis eiusdem: dominus condidit me initio uiarum suarum, in principio, in opera sua, antequam terram faceret et antequam abyssos constitueret, et

2—5 Ioh. 1, 1—3   7 Eccli. 24, 3—4   11—12 cf. Exod. 13, 21. I Cor. 10, 1—4   13 Prou. 8, 22—30

Auctores: 2—12, 14 cf. Cypr. Test. II, 3. 1. [Phoeb.] Tract. d. f. c. 2 p. 35 D *De hoc*—p. 37 A *in quo omnia*. c. 6 p. 42 CD

1 noluerunt *BV* (*cf. pag. 27, 5*), nolerunt *RC*   si uelis *RC*, si uelles *B*, *om. V*   iohannem nostrum *BR* (*cf. 44, 2*), iohannem *C*, prophetam nostrum iohannem *V*   2 audire *RC*, *om. V*, audire et *B*   *a* phetico *inc. cod. R fol. 103*[1]   3 aput *R*   et uerbum e. a. d. *post* et deus e. u. *ponit V*   4 aput *R*   5 illum *B*, ipsum *RCV*   facta sunt] factum est *V*   illo (*ex* illum) *B*, ipso *RCV*   rursus] rursum *C*   6 filius] *om. C*   reddit] reddet *R*   7 apud *BC*, aput *R*, per *V*   8 prodiui] exiui *C*   9 celis *R*   *a* ficiens *inc. cod. R fol. 100*[1]   10 altis *B*, altissimis *RCV*   habitaui *BV*, habitabi *R*, inhabitaui *C*   tronus *R*   11 uides—*12* nubis *om. R*   Simon *scripsi*, symon *BC*, *om. V*   aegypto *BV*, terra aegypti *C*   12 praecedebat (praecidebat *B*[1])] praecedens *R*   13 illic *RV*, *om. C*, illis *B*, *cf. 29, 14. 33, 9*   prouerbiis] prouerbia *R*   eiusdem *BV*, *om. C*, e. dicit *R*   dominus—*14* sua *scripsi*, dom. cond. me initio uerborum suorum in princ. in op. sua *B*, deus initio uiarum suarum condidit me in principio imperii sui *R*, dom. cond. me principio uiar. suar. in op. sua *C*, dom. cond. me in initio uiar. suar. in princ. in op. sua *V*   14 antequam—constitueret *B*, ant. abyssos const. *R*, ant. terr. fac. (et—const. *om.*) *CV*

ante omnes colles genuit me. cum pararet caelos, aderam cum illo, et cum secerneret sedem suam, quando fortia faciebat fundamenta terrae, eram simul cum illo disponens. ego eram, cui adgaudebat, cottidie autem laetabar in faciem eius, cum laetaretur orbe perfecto.

Simon Iudaeus dixit: Potest hoc pro sapientia dixisse.

Theophilus Christianus dixit: Erras, Iudaee, et uelamine ignorantiae sensus tuus contectus est. non inmerito sanctissimus Moyses uelaminis tegmine faciem uelabat, quod uelamen corda uestra contexit. accede proinde ad dominum et crede Christum deum et dei filium, et auferetur de sensibus tuis tegmen ignorantiae. sapientiae dictum existimas; ignoras, quoniam Christus est ipse dei uirtus et dei sapientia. adeo reges uestri, qui per successionem regnabant, non poterant sapientiam et uirtutem accipere, nisi per uocabulum nominis Christi diceren-

8—13 cf. II Cor. 3, 13—18. Esai. 6, 9—10 9—11 cf. Exod. 34, 33—35 13—14 cf. I Cor. 1, 24

Auctores: 14—13, 9 cf. Tert. Adu. Iud. c. 8, c. 11 p. 732 *Itaque quoniam*—p. 733 *exinde cessare*, c. 13 p. 734 *Si autem iam*—p. 735 *processurus*

1 ante] antequam *B* pararet *BC*, separaret *R*, patraret *V* caelos (caelo *B*) aderam cum illo et *BV*, c. adheram (*!*) ei et *C*, caelum a terra ego aderam simul cum illo disponens et *R* 2 secerneret] discerneret *R* 3 eram—disponens *BV*, *hoc loco om. R sed cf. lin. 1 et 4*, e. s. c. i. componens omnia *C* 4 ego—cui] eg. er. cum illo disponens ego eram cui *R* 5 laetabar] adlaetebar (*sic*) *B* in] ante *R* orbe *RC*, be B^1, orbe *ex* urbe B^2, orbi *V* 7 potest—dixisse *CV*, pot. h. p. sap. dictū esse (ctū ess *in ras.*) *B*, pro sapientia sua (*a* sua *inc. cod. R fol.* 103^2) dixisse hoc arbitror *R* 8 et *B*, et ut *R*, et ueluti *CV* uelamine *B*, uelamen tegumenti *R*, uelam̄ *C*, uelamen *V* 11 et—deum] *om. V* 12 et dei *RCV*, dei *B* et auferetur] ut aperiatur *R* tegmen] tegumentum *R* 13 sapientiae] sapientium *R* existimas ignoras *BC*, existimans ignoras *R*, existimas ignorans *V* 14 est ipse *B*, ipse est *RCV* uirtus] filius *R* *ab* i (*in alt.* dei) *inc. cod. R fol.* 105^2 adeo B^1RCV, ut *addit* B^2 15 successionem] successione *R* 16 dicerentur *B*, *om. CV*, diceretur *R*

tur. huius rei auctorem Danihelum dabo dicentem: signabitur uisus et propheta, orietur iustitia sempiterna, et unguetur sanctus sanctorum. et scies et intelleges ab exitu sermonis in respondendo et aedificando Hierusalem usque ad Christum regnantem. a deo ueniente Christo Christorum et domino dominorum et rege regum uestrorum unctio Samariae defecit et cornu illud, de quo reges uestri unguebantur, et omnes prophetae siluerunt, quia de quo loquebantur uenit, sicut Esaias ait: ego sum, qui loquebar, et ueni, ut euangelizem. proinde, ut diximus, ipse est Christus Christorum et dominus dominorum. auctorem Esaiam dabo dicentem: dicit dominus Christo meo domino, cuius tenui dexteram, ut exau-

1 Dan. 9, 24—25 6 *domino—regum*] cf. I Tim. 6, 15. Apoc. 17, 14. 19, 16 7 *unctio . . . defecit*] cf. Dan. 9, 26 10 Esai. 52, 6 12 Esai. 45, 1—3

Auctores: 6 *domino—regum*] cf. Tract. Orig. XIII p. 148, 15 11 *ut diximus*] cf. A. 13, 6 12—14, 10 cf. Tert. Adu. Iud. c. 7

1 auctorem Danihelum] d. a. *C* 2 propheta *BC*, prophetia *RV* iustitia sempiterna] iustitiae sempiternae *B* 3 unguetur *B*, ungetur *CV*, unguebitur *R* et scies et intelleges (intelliges *V*) *CV*, et esaias dicit: et intelleget *B*, et esaias dicit. intellegitis *R* 4 in respondendo (ḍọ *R*) *RV*, et i. r. *C*, in respondendum *B* aedificando *scripsi*, aedificans *BR*, aedificabo *CV* 5 regnantem—christo *B*, *om. CV*, r. a. d. uenientem christum *R* 6 Christorum] . . . . ronum *R*, *cf. lin. 11* et domino dominorum *scripsi*, et dominum dominorum *R*, *om. BCV*, *cf. lin. 11* rege *scripsi*, regem *codd.* 7 defecit (cit *in R fortasse a manu secunda*) *RB*[2], deficiet *B*[1]*CV* et (et *om. B*[1]) cornu illud de quo *B*, et c. i. unde *C*, ẹṭ (et *abscisum esse uid.*) c. illius unde *R*, c. illud deinde *V* 8 *ab* estri *inc. cod. R fol. 98* [1] unguebantur *BR*, ungebantur *CV* et—loquebantur] *om. R* 9 ait] dicit *R* 10 et] *om. R* euangelizem *B*, euangelicarem *C*, euangelizarem uobis *V*, baptizer *R* 11 ipse est *BV*, ipse *C*, ego sum *R* et] *om. V* 12 auctorem—dicentem] et esaias dicit *R* dicit *BR*, haec d. *C*, sic d. *V* dominus—domino] dominus domino meo *R* 13 cuius *BR*, cui *CV* tenui] tenuit *V* ut—gentes] *BV*, ut subiciam ante eum g. *C*, et exaudiat eum unguentum *R*

diant eum gentes: fortitudinem regum disrumpam, aperiam ante eum portas aereas, et ciuitates non claudentur, et portas aereas aperiam et uectes ferreos confringam et dabo tibi thesauros occultos. cui ergo tenuit dexteram pater nisi Christo filio suo, quem et omnes gentes exaudierunt, sicut in psalmo dicit: semper tu mecum, tenuisti manum dexteram meam? aut quae ciuitas illi clausa est? et cui omnes portae aereae patent hoc est praecordia singulorum fide Christi reserata, qui doctrina sua corda et praecordia singulorum reserauit? aut numquid et de natiuitate eius audebis disputare, cum idem propheta dicat: factum est uerbum domini ad Achaz dicens: pete tibi signum a domino deo tuo in profundum aut in excelsum. et dicit Achaz: non petam neque temptabo dominum. et ait: audite nunc domus Dauid: non pusillum uobis certamen erit

6 Ps. 72, 23 11 Esai. 7, 10—14

1 fortitudinem] fortitudines *R* regum—3 claudentur *om. R* 2 portas aereas *scripsi*, p. hereas *B*, p. *CV* non *BV*, ei non *C* 3 et *pr. B*, *om. RCV* aperiam] conteram *C* 4 tęsauros *R* occultos] absconditos *V* 5 suo] *om. V* quem *BV et Tert. Adu. Iud. c. 7*, cui *RC* et] *om. C* 6 exaudierunt *CV et Tert. Adu. Iud. c. 7*, exaudiunt *B*, obaudierunt *R* semper tu mecum *B*, t. m. s. *V*, t. mihi *R*, ego s. tecum *C* *a* tu *inc. cod. R fol. 105*[2] 7 aut—est *pr.*] a. q. illi ciuitates clausae sunt *R* 8 et] *om. C* portae aereae *CV*, porterae *R*, portae apertae aereae *B* hoc est praecordia singulorum fide christi (christi fide *R*) reserata, qui doctrina sua corda et praecordia (et praec. *om. R*) singulorum reserauit *BR*, *om. V*, h. e. p. s. reserauit *C* 11 audebis *BR*, audebit *CV* idem] isdem *V* dicat] *om. V* factum est *BC*, et factum est *R*, factum *V* 12 domini ad] domini inquit ad *V* achaz *CV*, ahaz *R*, achab *B* domino] domino nostro *B* 13 deo tuo] *om. C* profundum] prof. inferni *V* aut *BC*, uel *R*, siue *V* excelsum *BC*, excelso *R*, excelsum supra *V* dicit *B*, dixit *RCV* achaz *CV*, ahaz *R*, achab *B* 14 neque] et non *V* temptabo *BRC*, tentabo *V* dominum] dominum meum *R* ait] dixit *R* 15 nunc *BV*, *om. C et ut uidetur R* pusillum uobis] uobis pusillum *C* *a* men *inc. cod. R fol. 98*[2] certamen—*15, 2* quoniam *scripsi*, certamen erit cum hominibus et ideo uos praestabitis certamen cum hominibus (cum hominibus *alt. om. B*) quoniam *BV*, certamen erit cum hominibus quoniam *C*, certamen quoniam *R*

cum hominibus, et ideo uos praestabitis certamen cum deo? quoniam dominus dabit uobis signum: ecce uirgo in utero concipiet et pariet filium, et uocabitis nomen eius Emmanuhel, quod interpretatur Nobiscum deus.

Simon Iudaeus dixit: Ego prophetis credo, praeterea Esaiam receptissimum accipio, sed de alia uirgine eum dixisse arbitror. cum enim Salmanassar rex Assyriorum ducem suum misisset ad Hierusalem exprobrare deum uiuum, tunc Esaias prophetauit aduersus Salmanassar regem dicens: spreuit te et subsannauit te uirgo filia Sion, caput suum mouit aduersus te filia Hierusalem. quando angelus de castris Assyriorum centum octoginta milia percussit, in hoc fuit nobiscum deus.

Theophilus Christianus dixit: Erras, Iudaee, necdum remoues incredulitatem. si ergo filiam Sion uirginem dicis, quem filium peperit? uel quis butyrum et mel manducauit? aut quis infans fuit, qui, priusquam cognosceret patrem uel matrem,

8—10 cf. Esai. 37, 4. 17. IV Reg. 19, 4. 16 10 Esai. 37, 22. IV Reg. 19, 21 12—13 cf. Esai. 37, 36

Auctores: 12—13 cf. Tert. Adu. Marc. V, 9 p. 300 (A. 44, 5. 45, 7—9. 45, 14—46, 12) 15—18, 14 cf. Tert. Adu. Iud. c. 9 (18, 10—14 cf. c. 9 p. 721 *sed et uirginem—creditur*)

2 dominus *BR*, dominus deus *CV* 3 ecce] et ecce *C* in utero] *om. V* 4 uocabitis *BR*, uocabitur *CV* interpraetatur *R* 6 Esaiam] esaiam prophetam *R* 7 de alia uirgine *B*, aliam uirginem *RCV* eum *B et fortasse R*, *om. CV* 8 *ipse scriptor loco Sanherib regis per errorem Salmanassar nomen posuisse uidetur* Assyriorum] *om. R* ducem suum misisset] m. d. s. *R* 9 exprobrare *CV*, praedicare *B*, inpetrare *R* deum] dominum *R* 10 dicens] *om., ni fallor, R* spreuit *CV et ut uidetur R*, expraeuit *B* *a* preuit *inc. cod. R fol. 110*[2] 11 uirgo] *om. R* mouit *BR*, mouet *V*, mouebit *C* 12 aduersus *BC*, aduersum *RV* quando *B*, q. et *RCV* 13 octoginta *BV*, o. quinque *RC* in] *om. C* 15 iudeae *R* necdum] nondum *V* 16 incredulitatem] i. tuam *R* sion uirginem (*ex* uirgine) dicis *B*, s. dixisti u. d. *R*, s. u. dixit *C*, ierusalem d. *V* 17 uel] *om. C* butyrum] buturum *R* 18 uel *B*, aut *RCV*

spolia Samariae detraxit? aut quem filium de semine Dauid habuit? Esaias enim dicit: ecce uirgo in utero accipiet et pariet filium, et uocabitur nomen eius Emmanuhel. butyrum et mel manducabit; et, priusquam cognoscat puer uocare patrem uel matrem, accipiet uirtutem Damasci et spolia Samariae contra regem Assyriorum.

Simon Iudaeus dixit: Enarra ergo mihi ista qui se habeant, ut credere possim, quid mel aut butyrum intellegitur, aut quae spolia Samariae Christus acceperit.

Theophilus Christianus dixit: Si remoueas incredulitatem, audies ueritatem, ne forte in te inpleatur illud, quod in psalmo scriptum est: sicut aspidis surdae et obturantis aures suas, quae non exaudiet uoces incantantium. audenter etiam Esaias aduersus incredulitatem uestram clamat dicens: erint uobis uerba libri huius sicut uerba libri signati, quem si dederis homini scienti litteras ad legendum, dicit: non possum legere, signatum est enim. aut si detur

2 Esai. 7, 14—15. 8, 4 12 Ps. 57, 5 14 Esai. 29, 11—12

1 spolia] spoliam *R* *a* mine *inc. cod. R fol.. 109* [1] 2 habuit] aluit *V* dicit] dixit *V* accipiet] c̄cipiet (= concipiet; *ante* c *prius una littera erasa est*) *B* 4 butyrum] buturum *ut uid. R* manducabit] comedet *V* et *alt. B*, *om. RCV* 5 puer] *om. V* uel] aut *C* accipiet] a. iterum *R* 6 et spolia Samariae] *om. R* contra] habuit contra *B* regem] reges *R* 7 ergo mihi] mihi igitur *V* ista—habeant *Engelbrecht*, i. quid s. h. *BV*, ista *solum R*, quid ista s. h. *C* 8 aut *pr.*] uel *R* butyrum] buturum *R* 9 acceperit] accepit *R* 10 theofilius *R* remoueas] remoues *R* *a* dulitatem *inc. cod. R fol. 110* [1] 11 in te inpleatur *R*, in te impleatur *B*, impleatur *C*, impleatur in te *V* in psalmo *BR*, *om. V*, in psalmis *C* 12 scribtum *R* aspidis *RCB*², aspides *B*¹*V* et (obturantes *BCV*)—suas *BCV*, *om. R* 13 exaudiet *B*¹, exaudier (*supra* r *linea erasa*) *B*², audit *R*, audiunt *CV* uoces *B*, uocem *CV et ut uid. R* incantantium *BV*, incantantis *RC* etiam *B*, enim *RCV* 14 erint *B*¹, erunt *B*²*RV*, et erunt *C* 15 huius—libri *om. C* sicut *BV*, *om. R* uerba *alt. BR*, *om. V* quem si] quasi *R* 16 homini—*17, 1* iste *om. R* dicit *B*¹*V*, dicet *B*², dicat *C* 17 detur liber iste *B*, dederis librum istum *C*, dederis *V*

liber iste homini non scienti litteras, et dicas: lege, et dicit: non didici. primum quidem Christus secundum natiuitatem infantium omnium butyrum et mel manducauit; hoc credimus et sic fidem nostram custodimus, et quia die octauo circumcisus est. butyrum autem unctio spiritus intellegitur; mel autem dulcedo est doctrinae eius, quam nos adsequimur et sic fidem consequimur. spolia autem Samariae hoc genere detraxit, quod, cum infans esset, munera a magis accepit, aurum, thus et murram, et postea, adultus cum doceret et omnem ueritatem dei demonstraret, relictis idolis Samaria et Damascus bene crediderunt, relinquentes Assyrium id est diabolum.

Simon Iudaeus dixit: Bene quidem per omnia interrogationibus meis patefacis mysteria. sed quia Christum deum, dei filium, ore dei prolatum, uerbo genitum et ex uirgine natum probasti, quomodo ergo ex semine Dauid in Bethleem ciuitate natum esse adseueras?

4—5 cf. Luc. 2, 21 8—9 cf. Matth. 2, 11

Auctores: 5 *butyrum—intellegitur*] cf. Tract. Orig. II p. 20, 4 6 *mel—eius*] cf. Tract. Orig. XI p. 127, 10 XIII p. 151, 5—15. 18—20 14—15 cf. A. 3, 6—7. 8, 10—11 15 *ex uirgine*—18, 14 *ederet* (cf. 17, 2—7)] Simon partes Iouiniani, Theophilus partes Ambrosii agunt (cf. Haller, Iouinianus 1897 p. 75—76. 154—156 [v. Gebhardt und Harnack, Texte und Untersuchungen. XVII, 2]).

1 homini] *om. V* non scienti *BV*, nescienti *RC* 2 et *BR*, *om. CV* dicit B^1, dicet B^2V, dicat *R*, respondit *C* quidem *B*, quia *RCV* 3 omnium] *om. ut uidetur R* ḅuturum *R* 4 fidem] uitam *V* die octauo *B*, die octaba *RC*, octauo die *V* 5 buturum *R* autem] *om. R* *a* tellegitur *inc. cod. R fol. 109* [2] 6 est *BC*, *om. RV* 7 et sic fidem consequimur *B*, et s. f. custodimus *R*, *om. CV* 9 murram *R*, myrram *BV*, myrra *C* et postea] postea autem *R* 10 dei *B*, *om. RCV* samaria et damascus *BV*, samariae et damasci *R*, samariae et damascus *C* 11 Assyrium] regem *praeponit* B^2 id] hoc *C* 13 interrogationibus meis *BR*, *om. CV* 14 *a* teria *inc. cod. R fol. 101* [2] sed *Engelbrecht*, et *codd.* deum] *om. V* dei *BRC*, et dei *V* 15 ore dei prolatum *cf. pag. 8, 10—11*] *om. R* et (et *om. R*) ex—natum] *om. C* 16 ex semine] exemine *R* in bethleem ciuitate (*ex* ciuitatem) natum esse *B*, i. b. ciuitatem n. *CV*, n. i. be(thlem *abscisum esse uid.*, *cf. 19, 14. 15*) ciuitatem *R*

Theophilus Christianus dixit: Auctorem Esaiam dabo dicentem: exiet uirga de radice Iesse et flos de radice eius ascendet, et requiescet super eum spiritus dei. uirga enim Maria uirgo fuit, quae ex semine Dauid processit, ex qua Christus flos patriarcharum secundum carnem nascitur. deus enim, qui in Numeris signum fecit, ut asina loqueretur, multo maiorem signum facere uoluit, ut Christus ex uirgine nasceretur. aut quid mihi et tibi esset certamen, nisi uirgo pareret?

Simon Iudaeus dixit: Credo uirginem, ut dicis, de spiritu concipere. agitur, si uirgo potuit parere.

Theophilus Christianus dixit: Incredule, saxum deus rumpere potuit et aquam in satietatem producere; quanto magis deus iubere potuit, ut uirgo partum ederet! et adhuc tibi adduco alium testimonium, si tamen credas, Baruch Neriae filium, qui in Babylonia prophetauit.

1 Esai. 11, 1—2   6 cf. Num. 22, 28   12 cf. Exod. 17   15—19, 6 cf. Hier. 43. 28, 59—64 et Lib. Baruch

1 dicentem] *om. V*   2 de—Iesse] *om. R*   de radice *alt.*] *om. R*   3 requiescet B^2V *et fortasse R*, requiescit B^1C dei] domini *V*   4 enim] ergo *R*   maria uirgo *BV*, uirgo maria *RC*   quae] quia *R*   ex semine] exemine *R*   5 flos *BV*, flos fuit *R*, de semine *C*   patriarĉarum *R*   7 multo maiorem *RC*, multum maius (u *ex* o, s *in ras. et post* s *duae litterae ablutae* B^2*;* B^1 *ut uid. scripsit aut scripturus erat* maiorem) *BV*   *ab* ine *inc. cod. R fol.* 102^1 8 tibi] ubi *B*   certamen] *om. R*   nisi] n. ut *V*   9 pareret *BR*, peperisset *CV*   10 iudeus . . . . . *R*   dicis *BR*, d. potuisse *CV*   de spiritu (de *om. B*)] d. sp. sancto *R*   11 concipere] concepisse *ex* concipere *B*   agitur—parere] *om. B*   12 incredule] i. iudąe (*cf. 21, 11*) *R*   saxum—potuit *B*, si sax. d. rempere p. *R*, sax. d. potuit rumpere *V*, sax. disrumpere p. *C*   13 et aquam] ut aqua *C*   satietatem *R*, satietate *C*, societatem B^1, sacietatem B^2, sitientem *V*   producere *BV*, produceret *C*, deducere *R*   14 uirgo] uirgo adhunc (*ex* adhuc) *B*   et adhuc tibi adduco alium testimonium *scripsi*, et adhuc tibi aliud (*ex* alium) ponam (ponam *scripsit* B^2) test. *B*, adduco athuc . . . . m test. *R*, adhuc tibi adduco aliud test. *C*, adhuc tibi dico aliud test. *V*   15 Neriae *Engelbrecht*, nerei *B*, neri *CV et ut uidetur R*   filium *RCV*, filio (*ex* filiū) *B*   16 babilonia *R*   prophetabit *R*

Simon Iudaeus dixit: Ergo me tam infidelem existimas, ut Baruch discipulum Hieremiae non recipiam, qui ab Hieremia totiens missus populum adlocutus est, qui et prophetiam suam Baruch conscribere iussit? et quia sciebat illum Hieremias prophetaturum, adeo post Hieremiam populo praefuit in captiuitate et prophetauit, sed de Christo nihil meminit.

Theophilus Christianus dixit: Quomodo ergo prope finem libri sui de natiuitate eius et de habitu uestis et de passione eius et de resurrectione eius prophetauit dicens: hic unctus meus, electus meus, uuluae intaminatae iaculatus natus et passus dicitur? quoniam et tunicam illius desuper contextam et omnia haec, Simon, si credideris ita, cum ueneris in plenitudinem euangeliorum nostrorum, inpleta cognosces. quod autem in Bethleem natus est, audi Michaeam prophetam dei dicentem: et tu Bethleem Iuda, domus illius

9—12 Apocryphum Baruch ignotum 11 *tunicam—contextam*] cf. Ioh. 19, 23 15 Mich. 5, 2

Auctores: 14—20, 4 cf. Cypr. Test. II, 12

1 tam infidelem] infidelem iam *V* *ab* existimas *inc. cod. R fol.* 101^1 3 totiens—est *scripsi*, t. m. (ad *addit* B^1) p. allocutus (adlocutus B^1) e. *BC*, toties m. p. alloquutus e. *V*, missus est et totiens populo adlocutus est *R* qui—iussit *BV*, et quia prophetia sua a baruch desc.... iussit *R*, qu. et prophetiae baruch conscribi iussit *C* 4 sciebat] seiubat *B* illum hieremias *BR*, h. i. *CV* 5 prophetaturum—captiuitate (captiuitatem *R*) *BR*, populum praefuisse in captiuitate *C*, populum effusum in captiuitatem *V* 6 et prophetauit *BV*, *om. R*, pr. *C* sed—meminit] sed edisse eum ... memini *R* 7 prope finem] probes in *B* 8 passione (*ex* passionem) eius *B*, passione *RCV* 9 de resurrectione (resurrectionē B^1) *BC*, resurrectione *RV* prophetabit *R* 10 electus meus *BV*, electus *R*, dilectus m. *C* bulbae *R* intaminatae] incontaminatae *V* *a* tae *inc. cod. R fol.* 102^2 11 quoniam et] et quoniam *V* tunicam—contextam et (ut *pro* et *V*) *BV*, tunica i. d. contexta per totum et *C*, tunica i. d. contexta est *R* 12 omnia haec *B*, h. o. *RCV* creddideris *R* ita *BC*, *ut uidetur om. R*, aut *V* 13 in] ad *R* plenitudinem *BR*, plenitudine *CV* 14 cognosces] cognoscas *C* bethlem *R* natus—dicentem] dicit *R* michaeam *BV*, micheam *C* 15 dei *B*, *om. CV* bethlem *R* iuda *BR*, *om. V*, terra iuda *C* illius] *om. C*

Efratha, non eris exigua, ut constituaris in milibus Iuda. ex te enim mihi prodiet, ut sit princeps in Israel, et possessio eius a principio et diebus saeculi.

II, 3 *Simon Iudaeus dixit:* Multa quidem legimus, sed non ita intellegimus. proinde ita uolo per singula, quae te interrogo, cognoscere conprobata testimonia ueritatis. praeterea quia deus circumcisionem celebrari praecepit, quam primum patriarchae Abrahae tradidit, quam circumcisionem Christum habuisse superius professus es, quomodo ergo mihi credere persuades, qui circumcisionem prohibes?

Theophilus Christianus dixit: Circumcidere carnem prohibemus, circumcisos autem credere libenter habemus. Abraham enim, credimus, priusquam circumcideretur, amicus dei effectus est per fidem et iustitiam adeptus est per fidem, non per circumcisionem. sic enim dicit: quia patrem multarum gentium posui te ante dominum, cui credidisti. proinde dicit: credidit Abraham deo, et deputatum est ei ad iustitiam. hoc

7—9 cf. Gen. 17, 10 14 cf. Iac. 2, 23 16 Gen. 17, 5 17 Gen. 15, 6

Auctores: 5—25, 3 cf. Tert. Adu. Iud. c. 1—3. 5—6 Tract. Orig. IV 10 *superius*] cf. A. 17, 4

1 efratha *B^2C* (*cf.* efrem *23, 1. 53, 5*), effratha *ut uid. B^1*, eufrata *R*, euffrata *V* non eris exigua *B*, ex. n. e. *V*, n. e. minima *RC* ut—Iuda] in principibus i. *C* 2 mihi *BV*, *om. C et ut uidetur R* ut—israel *BV*, princeps qui regat populum .... isrl *R*, rex israel *C* 3 et *alt. BR*, *om. CV* diebus] a d. *V* 4 seculi *R* 5 *a* mus *inc. cod. R fol. 104^2* ita] *om. C* 6 ita *BR*, *om. CV* per] *om. R* te] *om. V* 7 cognoscere] sci.. *R* conprobata] prolata *C* testimonia *BC*, testimonio *RV* deus circumcisionem] c. d. *R* 8 celebrari *BR*, *om. V*, celebrare *C* 9 Abrahae] *om. V* 10 persuades *B*, suades *RCV* 13 circumcisos] circumcisionem *R* 14 credimus *B*, *om. RC*, qui *V* *a* priusquam *inc. cod. R fol. 99^1* circumcideretur] circumcisus esset *V* 15 per fidem *pr. BR*, *om. CV* et—fidem] *om. R* 16 quia] *om. V* 17 posui] constitui *V* dominum *BR*, deum *CV* cui] quia *V* dicit] sic d. *R* 18 deputatum *B*, reputatum *RCV* ei] ..li *R*

enim, priusquam circumcideretur, audiuit et postea circumcisionem accepit, ostendens duos populos ad fidem Christi uenturos, unum ex circumcisione et unum ex praeputio. nam si Christus circumcisus non fuisset, quomodo mihi hodie crederes aut prophetis, quod ex semine Dauid ueniret? circumcisio enim signum est generis, non salutis.

Simon Iudaeus dixit: Ergo quomodo, filius Moysi cum esset in praeputio, angelus suffocabat, nisi Seffora, mater eius, accepto calculo circumcidisset puerum, et, cum sanguis inmineret, orabat dicens: stet sanguis circumcisionis pueri?

Theophilus Christianus dixit: Contra te loqueris, Iudaee. nam et superius tibi ostendi, quomodo Moyses typum Christi fuit et omnia, quaecumque fecit, in imaginem Christi praecurrebat. nam Seffora mulier, quae puerum circumcidit, synagoga intellegitur. quod autem dicit: stet sanguis circumcisionis pueri, hoc est, quod adueniente Christo restitit circumcisio puerorum. adeo deus ad Moysen sic ait: aedifica mihi altarem de lapidibus non circumcisis et ferrum

8—10 cf. Exod. 4, 24—25 10 Exod. 4, 25 17 Deut. 27, 5 cf. Exod. 20, 25

Auctores: 12 *superius*] cf. A. 5, 19—6, 6 (33, 14—34, 12)

3 et unum *BV*, et alium *C*, alterum *R* preputio *R* nam] uenturum nam *B* *a* nam *inc. cod. R fol. 104* [1] 4 hodie] *om. R* 5 quod] a . . modo *R* ex semine] exemine *R* Dauid] *om. C* ueniret] uenerit *C* 6 enim] autem *R* 7 filius] filium *V* 8 preputio *R* suffocabat] suffocauit *R* nisi *BV*, eum n. *C*, eum et n. *R* mater eius] *om. C* 9 puerum *BR*, *om. CV* 10 orabat *B*, orauit *RCV* stet] domine stet *R* 11 iudae *R* 12 nam] *om. V* ostendi] *om. V* *a* di *inc. cod. R fol. 99* [2] quomodo *B*, quod *RCV* christi fuit *BR*, f. chr. *CV* 13 et] *om. V* quecumque *R* imaginem B^1RC, imagine B^2V praecurrebat *BCV*, praecurrebant *R* 14 sinagoga *R* 15 dicit *BRC*, dicitur *V* 16 hoc est—*17* puerorum *om. V* restitit—puerorum *B*, stetit sanguis circumcisionis puerorum *R*, restituit circumcisus (u *alt. corr. prima manus*, s *alt. add. alia man.*) puer *C* 17 ad] in *V* ait *B*, loquitur *R*, dicit *CV* 18 altarem B^1RC, altare B^2V circumcisis] praecisis *R* et] sed et *B* fferum *R*

non inicies in eis, quod scilicet adueniens Christus ecclesiam aedificaturus erat de populo incircumciso.

Simon Iudaeus dixit: Proba mihi Christum neminem circumcidisse.

Theophilus Christianus dixit: Crede, et ipse tibi probabis, cum coeperis plenitudinem euangeliorum reuoluere. ibi inuenies Matthaeum apostolum publicanorum et Zacchaeum principem publicanorum et multos inuenies incircumcisos, qui cum Iudaeis crediderunt. nam sicut sacrificia et hostiae taurorum et hircorum et arietum et agnorum iussa inmolabantur et prohibita sublata sunt, et populus minor id est noster maiori populo praelatus, et testamentum nouum ueteri praepositum, ita et circumcisionem iam non carnis sed cordis celebrari deus praecepit. dicit enim deus ad Rebeccam in Genesi: duae gentes in utero tuo sunt, et duo populi de uentre tuo diuidentur, et populus populum superabit, et maior seruiet minori. et in Deuteronomio dicit: eritis, gentes, in caput, incredulus autem populus in caudam.

3—9 cf. Matth. 9, 9. Luc. 19, 2 14 Gen. 25, 23 17 Deut. 28, 44

Auctores: 3—9 cf. Tert. De pud. c. 9 p. 236, 11—17. Adu. Marc. IV, 11. 37 11. 14 cf. Cypr. Test. I, 19 17—23, 3 cf. Cypr. Test. I, 21

1 inicies] inities *V* in] *om. C* aeclesiam *R* 2 *a* rus *inc. cod. R fol.* 111[2] 7 mattheum *R* publicanorum *BR*, publicanum *CV* et zacchaeum—publicanorum *V*, *om. R*, et zaccheum pr. publ. *B*, et zacheum pr. puplicanorum *C* 8 inuenies incircumcisos] incirc. inuen. *R* 9 sicut] si saeculi *V* et *pr.*] *om. V* hostiae *V*, hostias *B*, ostias *R*, hostia *C* et hircorum] *om. V* 10 et agnorum] agnorum *C* iussa] iniussa *ut uid. R* 11 populus—praelatus (populo *om. V*) *ego et V*, populum minorem id est nostrum (nostrum *om. C*) maiori populo (populo *om. C*) praelatum *BRC* 12 *a* teri *inc. cod. R fol.* 108[1] 13 iam non] tam *R* sed] quam *R* celebrari deus *C*, deus celebrari *R*, celebrare deus *B*, celebrare *V*, *cf.* 20, 8 14 enim] *om. V* deus ad Rebeccam] ad rebeccam deus *C* 15 uentre] utero *R* 16 diuidentur] prọced . . . *R* superauit *R* 17 deutheronomio *R* eritis—caput *RV*, erunt (*ex* eritis) g. i. c. *B*, erit i. c. *C* 18 populus] *om. R* caudam *R*, cauda *BCV*

et Iacob benedicens Efrem et Manassen, inmutans manum, dexteram minori superponens, inmutationem creaturae demonstrabat. pro testamento autem nouo sic dicit Esaias: ecce facio noua, quae nunc oriuntur, et ponam in deserto flumina, hoc est in ecclesia euangelia. et Hieremias dicit: ecce dies ueniunt, dicit dominus, et consummabo domui Israel et domui Iuda testamentum nouum, non tale testamentum, quod disposui patribus uestris in die, qua eduxi eos de terra Aegypti. audi nunc de circumcisione! lator legis Moyses dicit: in nouissimis diebus circumcidet deus cor tuum et cor seminis tui ad dominum deum tuum amandum. et Hieremias dicit: uiri Iuda et qui inhabitatis Hierusalem, renouate inter uos nouitatem et ne seminaueritis in spinis. circumcidite uos deo uestro et circumcidite praeputium cordis uestri, ne exeat ira mea et exurat, et non sit, qui extinguat.

1—3 cf. Gen. 48, 13—22 3 Esai. 43, 19 6 Hier. 38, 31—32 10 Deut. 30, 6 12 Hier. 4, 3—4

Auctores: 3. 6. 12 cf. Tert. Adu. Marc. I, 20. IV, 1 4. 24, 1—6 cf. Tert. Adu. Marc. IV, 13 10—24, 2 cf. Cypr. Test. I, 8

1 manassen *C*, manassenm *R*, manassem *B*, manasse *V* manum] manus *V* 2 *a* minori *inc. cod. R fol. 111* [1] superponens *BV*, et s. *R*, superimponens *C* 3 pro *BV*, per *R*, de *C* testamento B^2CV, testamentum B^1R nouo B^2C, nouum B^1R, nouissimo *V* 4 que *R* oriuntur B^1, orientur B^2V, orietur *RC* 5 aeclesia *R* 6 dies ueniunt B^1V, d. uenient B^2C, uenient d. *R* et] *om. C* 7 domui *pr. R*, domus *C*, domum *BV* domui *alt. R*, domus *C*, domum *BV* 8 tale] secundum *C* uestris *BV*, eorum *RC* 9 eduxi *CV et ut uid.* B^1, aedixi (u *superscr.*) *R*, duxi B^2 nunc *BV*, n. et *RC*, *cf. 30, 5* 10 lator legis *B*, legislator *CV*, legislator dicit *R*, *cf. 52, 13* moses *R* dicit *B*, dicit *post* legislator *ponit R*, quid dicit *V*, quid dicat *C*, *cf. 29, 11* nobissimis *R* 11 *a* cidet *inc. cod. R fol. 108* [2] deus] dominus *V* tui *BR*, *om. CV* 12 amandum *BC*, anamandum *R*, ad mandatum *V* dicit] ait *V* 13 inhabitatis *B*, habitatis *RCV* inter] *om. V* uos *BR*, uobis *V*, nos (uos *ab alt. m.*) *C* nouitatem] nouale *V* 14 ne *BR*, nolite *V*, si *C* seminaueritis in spinis] serere super spinas *V* circumcidite—uestro *RC*, *om. B*, circumcidimini deo uestro *V* 15 praeputium] praeputia *V* 16 mea] *om. V* exurat] e. uos *R* extinguat] e. eam *R*

ad Iesum Naue dixit deus: fac tibi gladios petrinos et nimis acutos et sede secundo et circumcide filios Israel. numquid tunc ferrum non erat? sed deus ad Iesum Christum nostrum loquebatur, quod per apostolum suum spiritaliter corda circumcideret. adeo apostolus noster Simon dictus est et postea Petrus nomen accepit.

Simon Iudaeus dixit: Manifestam quidem mihi probationem per scripturas ostendisti. sed circumcisio cordis quae esse potest? aut quod praeputium de corde circumcidendum est?

Theophilus Christianus dixit: Omnis concupiscentia libidinis de corde concipitur. proinde circumcisio noui testamenti talis est, quam deus Christus, filius dei, ostendit, ut circumcidamus nos libidinem, auaritiam, malitiam, cupiditatem, furta, fraudes, fornicationem, et omne, quod tibi non uis fieri, alio ne feceris. haec est circumcisio Christianorum, quam et primi

1 Ios. 5, 2 5 cf. Marc. 3, 16 11—14 cf. Matth. 15, 19 14 Act. apost. 15, 29 sec. textum, qui uocatur β

Auctores: 1—6 cf. A. 23, 4 14—25, 1 cf. Euch. Instr. I p. 77, 6—11 14—15 *fornicationem—feceris*] cf. Cypr. Test. III, 119 p. 184, 7—8

1 ad *BR,* et ad *CV* dixit *BC et ut uid. R,* dicit *V* deus] dominus *R* gladios] cultellos *C* petrinos *BV*, petrinios *RC* et *B*, *om. RCV* 2 sede—et *om. V* sede *BR*, sedens *C* secundo *BC*, *om. R* et *alt. BR*, *om. C* circumcide] c. secundo *V* *ab* os *inc. cod. R fol.* 112^{2} 3 non erat] deerat *V* deus—loquebatur (nostrum *om. C*) *BC,* athuc . . m (. . m = ihm?) non l. *R,* d. a. dominum nostrum iesum christum l. *V* 4 apostolum suum *BR,* apostolos suos *CV* 5 circumcideret] circumciderit *V* est] *om. V* 7 manifestam—probationem *B*, m. q. m. p. . . . i (. . . i = mihi?) *R*, manifesta sunt quae mihi *CV* 8 per scripturas (*non* scribturas, *sed aliis locis* scribtur . . *R*) *BR, om. CV* sed] et *V* 9 aut] et *V* 10 concupiscentia libidinis *BR,* concupiscentia et libido *V*, concupiscentiae libido *C* 11 de corde *B*, in corde *R*, corde *CV* concipitur *RCV*, concupiscitur *B* nobi *R* *a* nti *inc. cod. R fol.* 107^{1} 12 deus christus filius dei (dei *ex* eius *B*) *BR*, d. et chr. f. eius *CV* ut] *om. V* 13 nos *BR*, *om. CV* libidinem—fraudes] a liuidine auaritia malitia cupiditate furtum fraudem *R* 14 fornicationem *BR,* fornicationes *CV* non uis fieri *B,* fieri non uis *RV,* fieri nolueris *C* alio ne $B^{1}RC$, alio non *V*, alii ne B^{2} 15 et—sanctorum] ·primosci *R*

sanctorum habuerunt, scilicet Enoch, Noe, Iob, Melchisedech, qui non carnis sed circumcisionem cordis habuerunt. potuerat autem deus, si uellet, Adam circumcisum formare.

II, 4 *Simon Iudaeus dixit:* Aestuo uehementer cogitatione potuisse Christum tam maledictam et ludibriosam sustinere passionem, si tamen uera sunt, quae dicitis, a patribus nostris crucis patibulo esse suffixum. scimus plane Aman maledictum a patribus nostris pro merito suo esse crucifixum, qui genus nostrum petierat in perditionem, in cuius morte pereuoluto anno gratulamur et sollemnia uotorum facta celebramus, quod a patribus tradita accepimus. et Abessalon, qui ad caedem patris parricida fuit, pependisse illum in arbore legimus. Christus autem si patibulum mortis huius sustinuit et in cruce pependit, cur non hoc ipsum a patribus accepimus

1—2 cf. Hebr. 11, 5—7 7—11 cf. Esther c. 7 et 9 11—13 cf. II Reg. c. 18

Auctores: 1—3 Cypr. Test. I, 8 4—26, 13 cf. Euch. Instr. I p. 80, 19—81, 12 5. 7 cf. Orientius Comm. I, 373. 475

1 noe *V*, *om. C*, . . ẹ *R*, et *B* iob *BR*, iob et *CV* 2 qui] et hi qui *C* circumcisionem cordis] cord. circ. *V* potuerat B^1RCV, poterat B^2 3 autem] *om. V* si uellet *BR*, *om. CV* *ab* adam *inc. cod. R fol. 112* [1] formare] plasmare *C* 4 aestuo] exaestuo *V* uehementer *Engelbrecht*, uehementi *codd.* potuisse—passionem *BC*, potius chr. t. maledicta et dilubrio . . sustinuisse p. *R*, chr. t. maledictam et ludibriosam sustinuisse p. *V* 6 nostris] *om. V* 7 patibulo *RC*, patibulum *BV* esse] eum esse *V* plane *B*, sane *C*, *om. RV* Aman] tamen *R* 8 crucifixum *B*, crucis suspensum *C*, suspensum *RV* 9 morte—anno *scripsi*, mortem per,e‿uolutum annum (*ultimae syllabae* tum *et* num *ex* to *et* no) *B*, mor (*duae aut plures litterae abscisae sunt sed non plures quam quinque*) euoluto anno *R*, morte peracta reuoluto (anno *om. V*, *additum est a Martenio*) *V*, morte euoluto anno *C* 10 et] *om. V* facta *BR*, festa *CV* 11 quod B^1CV, quae B^2R patribus] patribus nostris *R* tradita *BR*, traditum *CV* *a* salon *inc. cod. R fol. 107* [2] 12 patris *BR*, *om. CV* parricida *BR*, patricida *CV* pependisse] ꝑpendisse (= perpendisse) *B* illum *BR*, *om. CV* arborem *R* 13 legimus] *om. R* 14 quur *R* patribus *BC*, patribus nostris *RV*

nec passum in scripturis nostris inuenimus, ut, si inimicus genti nostrae esset, gauderemus? erubescere poteris, Theophile, si hoc dictum minime conprobaueris. nam scriptum est in Deuteronomio: maledictus omnis, qui pendet in ligno.

Theophilus Christianus dixit: Primo huius dicti accipe rationem, recole superius Deuteronomii lectionem. de quibus dictum est? sic enim ait Moyses: si quis peccauerit in iudicium mortis, punietur, et suspendetis eum in ligno, et maledictus erit omnis, qui pendet in ligno. sed hoc pro peccatore dixit, qui mortale peccatum admiserit. Christus autem peccatum non habuit, sicut omnes prophetae testantur. sed pati necesse habuit, ut scripturae conplerentur. dicit enim

4 Deut. 21, 23 8 Deut. 21, 22—23 12—13 cf. Luc. 24, 25 sq.

Auctores: 3—27, 3 cf. Tert. Adu. Iud. c. 10 p. 727

1 nec] sed *R* scribturis *R* nostris] *om. R* ut si *BR*, ut quasi *C*, ut sicut *V* inimicus] inimicum *V* 2 genti nostrae] generis nostri *R* esset *BR*, *om. CV* gauderemus] g. affectum *V* 3 si—conprobaueris (comprobaueris *CV*) *BCV*, in hoc ipsud *R* nam—deuteronomio (deutheronomio *B*) *BCV*, n. sic in deutheronomium scribtum est *R* 4 omnis] homo *V* pendet *RVB*², pendit *B*¹*C* 6 primo *BR*, primum *CV* huius] hoc ipš|| *explicit fol. 107* ² || *nonnullae litterae abscisae sunt; a secunda parte litterae* u, *quam* s dicti *sequitur, inc. fol. 123* ²; *fortasse scriptum erat* hoc ipš [= ipsud *cf. pag. 26, 3*] huius *R* 7 recole] et recole *R* deuteronomii *CV*, deutheronomii *B*, deutheronomi *R* de—est] *om. R*, *cf. 41, 7* 8 ait] *om. ut uid. R* in iudicium mortis *BV*, in iudicio *C*, iudicio mortis *R* 9 punietur *R*, puniatur *C*, puniatur exemplo *V*, puniuntur *B* 10 et—qui] et omnis qui *V* pendet (*cf. lin. 4*) *V*, pen ... *R*, pendit *C*, pependerit *B* in ligno] i. l. maledictus erit *V* pro *B*, propter *R*, de *CV* 11 peccatore *CVB*², peccatores *R et fortasse B*¹ dixit *BC*, ... it *R*, dicit *V* mortale *BV*, mortalem *RC* admiserit *B*, admiserint *R*, fecit *CV* 12 habuit] fecit *V* sicut—habuit] *om. R* 13 scripturae *BC*, scribturae *R*, scriptura *V* conplerentur *B*, complerentur *C*, inplerentur *R*, impleretur *V*

Esaias: quia peccatum non fecit nec dolus inuentus est in ore eius, sed dominus tradidit illum pro peccatis nostris. nam et alibi dixisse prophetam ostendimus: ecce uerbum domini factum est illis in maledictum, et noluerunt illud. et iterum dicit: inter maledictos deputatus est. audi et Hieremiam in Lamentatione Hierusalem dicentem: Christus dominus conprehensus est in interitum eorum, sub cuius umbra uiuimus inter gentes. scimus autem sanctissimum Dauid plenum annis in pace requieuisse nec aliquam passionem mortis aut crucis sustinuisse. audi ergo in psalmo XXI dicentem Christum: effoderunt manus meas et pedes meos, dinumerauerunt omnia ossa mea. ipsi autem considerauerunt et conspexerunt me, diuiserunt sibi uestimenta mea et super uestimentum meum miserunt sortem. tu autem, domine,

1 Esai. 53, 9. 6 4 Hier. 6, 10 5 Esai. 53, 12 7 Thren. 4, 20 9—11 cf. III Reg. 2, 10. Act. 2, 29 12 Ps. 21, 17—23

Auctores: 3 *alibi*] cf. A. 10, 15 9—28, 12 cf. Tert. Adu. Iud. c. 10 (9—11 cf. c. 10 p. 730 *Quam crucem—passus* est). 11. 13. 12—29, 4 cf. Cypr. Test. II, 20

1 quia *cf. pag. 20, 16*] qui *R* dolus inuentus est] i. e. d. *V* 2 illum] eum *V* 3 nam et] nam *V* dixisse prophetam *B*, p. d. *RV*, propheta d. *C* 4 domini] dei *C* 5 noluerunt] no . . erunt *R* *ab* erunt *inc. cod. R fol. 128*[1] illud] illū *B*, *cf. 11, 1* inter (et i. *R*)—est *BR*, inter maledicos reputatus e. *V*, et cum iniquis d. e. *C* 6 audi—dicentem (hierusalem *om. V*) *BV*, a. e. iam hieremiam in hieremi lamentationem *R*, a. e. hieremiam i. l. dicentem in hierusalem *C* 7 Christus] spiritus uultus nostri christus *V* dominus] deus *C* 8 interitum *BV*, interit *sequitur ut uid.* ū *R*, interitu *C* eorum] gentis nostrae *V* uiuimus] uiuebamus *R* 9 sanctissimum] *om. C* daguid *ut uid. R* plenum annis] *om. R* 10 requieuisse *BC*, requiebisse *Ṙ*, quieuisse *V* passionem mortis] passionis morte *C* aut] au *R* 11 dicentem christum] dicente christo *R* 12 effoderunt *B*, foderunt *RCV* *a* manus *inc. cod. R fol. 123*[1] 13 autem *B*, uero *RCV* conspexerunt] uiderunt *V* 15 uestimentum meum *B*, uestem meam *RCV* tu—*28, 5* meis *om. sed indicat C uocabulo interposito* usque

ne longe facias auxilium tuum, in defensionem meam aspice, libera de gladio animam meam et de manu canis unicam meam, saluum me fac de ore leonis et a cornibus unicornuorum humilitatem meam! narrabo nomen tuum fratribus meis, in medio ecclesiae laudabo te. item apud Esaiam: expandi manus meas ad plebem non credentem sed et contradicentem mihi, qui ambulabant uias non bonas sed post peccata sua. item apud Hieremiam: uenite, mittamus lignum in panem eius et eradicemus a terra uitam eius. item in Deuteronomio: et erit uita tua pendens ante oculos tuos, et timebis die ac nocte et non credes uitae tuae. item in psalmo CXVIII: confige clauis a timore tuo carnes meas. item in psalmo CXL: dirigatur oratio mea sicut incensum in conspectu tuo et eleuatio manuum mearum sacrificium uespertinum. item apud Zachariam: et intue-

6 Esai. 65, 2 9 Hier. 11, 19 10 Deut. 28, 66 13 Ps. 118, 120 14 Ps. 140, 2 16 Zach. 12, 10

1 longe facias *B*, longe feceris *R*, elongaueris *V* in *B*, ad *V*, a || *expl. linea* || ad *R* 2 aspice *B*, respice *R*, conspice *V* libera—*6* te *om. V sed post* conspice *scribit* et cetera quae tribus sequentibus uersibus dicuntur libera—*3* meam *B*, *om. R* 3 saluum me fac *B*, salu (*circiter tres litterae abscisae sunt; fortasse scriptum erat* salua me) *R* de *B*, ex *R* 4 unicornuorum *R*, unicornium (ium *in ras.*) *B* narrauo *R* 5 tuum *B*, tum *R* eclesiae *R* 6 apud (d *ex* t) esaiam *B*, aput esaiam dicit *R*, per e. *V*, esaias *C* 7 plebem] populum *C* sed—mihi *om. C* sed et *B*, et *V*, sed *R* mihi *BR*, *om. V* 8 ambulabant *BC*, ambulant *R*, ambulat *V* uias—sua] in uias prabas et p. p. s. *R* 9 *ab* item *inc. cod. R fol. 128*[2] apud *BV*, *om. C*, in *R* hieremiam *BR*, hieremias *C*, ieremiam *V* panem] pane *C* 10 eradicemus *B*, eradicamus *R*, eradamus *V*, eramus *C* a *B*, de *RCV* terra] terram *R* Deuteronomio] deutheronomium dicitt (!) *R* 11 et *pr.*] *om. R* uita tua pendens *B*, p. u. t. *RCV* 12 ac] et *R* credis *R* uite *R* item—*14* meas *om. V* 13 confige *BC*, dicit confige *R* clabis *R* 14 dirigatur—eleuatio *B*, eleuatio *RCV* 16 *a* cium *inc. cod. R fol. 122*[2] apud zachariam *V*, apud zacchariam *B*, aput zachariam dicit *R*, zacharias *C*, *cf. 3, 13* intuebuntur *B*, intuebantur *RCV*

buntur in me, in quem transfixerunt. item in psalmo LXXXVII: et exclamaui ad te, domine, tota die extendi manus meas ad te. item in Numeris: nunc quasi homo deus suspenditur et sicut filius hominis minas patitur. et in Canticis Canticorum ex persona ecclesiae dicit: frater meus candidus et rubeus et lancea conpunctus a militibus. quod candorem, quid aliud quam fidem populi demonstrabat? rubeum autem passionem significat. ad hoc enim uenit in primo aduentu suo, ut omnem humilitatem et deformitatem usque ad mortem crucis ostentaret. audi denique in psalmo XXI: ego autem sum uermis et non homo, opprobrium hominum et abiectio plebis. omnes, qui conspiciebant me, deridebant me, locuti sunt labiis et mouerunt caput. item illic: exaruit uelut testa uirtus mea, et lingua

2 Ps. 87, 10 3 Num. 23, 19 5 Cant. 5, 10 8—10 cf. Phil. 2, 8 11 Ps. 21, 7—8 14 Ps. 21, 16

Auctores: 5—10 cf. Tract. Orig. XII p. 136, 16—137, 5. 138, 3—139, 12. XI p. 126, 10—11 5—7 cf. A. 28, 16—29, 1 10—30, 1 cf. Cypr. Test. II, 13

1 in *pr.* *B*, *om.* *RCV* in *alt.* *BR*, *om.* *CV* transfixerunt] transpuncxerunt *C* 2 et exclamaui *B*, exclamaui *CV*, dicit et clamaui *R* extendi *B*, expandi *RCV* 3 manus meas ad te] a. t. m. m. *V* nunc *B*, non *RC*, *om.* *V* quasi] sicut *R* 4 et *BR*, neque *CV* 5 . . clesiae *R* 6 rubeus *B*, robeus *R*, rubens *C*, rubicundus *V* et *alt.* *B*, *om.* *RCV* conpunctus] conpuctus *R* 7 quod candorem (em *ut uid.*, *nunc post* candor *et supra* quid aliud *rasura*) B^1, candor B^2, . . em candorem accipimus *R*, in candorem *C*, quae candor *V* quam (u *in ras.*, ā *ut uid. non a prima manu B*) *BCV*, quam quod *R* populi] domini *R* demonstrabat *BR*, demonstrat *CV* 8 . . ueum *R*, robeum *B*, rubeam *C*, rubor *V* autem] enim *V* passionem] p. domini *R* ad hoc] in h. *V* enim] *om.* *B* uenit] *om.* *V* in] *om.* *V* 9 *a* suo *inc. cod. R fol.* 129^1 et deformitatem] *om.* *R* 10 crucis] *om.* *V* ostentaret *B*, ostenderet *RC*, sustineret *V* denique] enim quod *R* 11 ego *BC*, dicit e. *R*, quid dicat e. *V* obprobrium *R* 12 omnes—labiis *om. C sed indicat uocabulo interposito* usque qui conspiciebant *B*, qui bidebant *R*, uidentes *V* 13 deridebant *B*, deriserunt *V*, inridebant *R* moberunt *R* 14 item illic] *om. ut uid.* *R* exaruit] aruit *V* uelut *BR*, ut *C*, tamquam *V*

mea adhaesit faucibus meis, et in puluerem mortis deduxisti me. item in psalmo LXVIII: placebit domino super uitulum nouellum cornua producentem et ungulas. quid dicis, Iudaee, numquid Dauid cornutus fuit? age, nunc intellege botrum illum in Numeris, quem de terra repromissionis in palanga duo uectantes reportabant, quod utique figura fuit Christi pendentis in ligno, aduenientis de terra repromissionis id est de Maria, quae ex genere terrigeno fuit. subuectantes autem palangam duorum populorum figuram ostendebat: unum priorem, scilicet uestrum, terga uersum Christo dantem, alium uero posteriorem, botrum respicientem; scilicet noster populus intellegitur.

Simon Iudaeus dixit: Quid de malagranata dicturus es, quae ad Moysen adlata est cum eodem botro?

2 Ps. 68, 32 5—31, 4 cf. Num. 13, 23 sq.

Auctores: 2—12 cf. Tract. Orig. VI p. 62, 13—63, 10. 66, 19—67, 2. 73, 15—24 2—4 cf. Tert. Adu. Iud. c. 10 inprimis p. 728 et p. 730 *quam crucem—passus est* 5—31, 13 cf. Tract. Orig. XI 9 cf. Tract. Orig. V p. 52, 6

1 adhesit *R* *ab* uere *inc. cod. R fol. 122*[1] 2 deduxisti me *B*, deduxisti *V*, deduxerunt me *RC* item *BC*, item ill (i *ut uidetur in rasura*) . . dicit *R*, item illic *V* in psalmo LXVIII *BR*, *om. V*, i. p. sexagesimo septimo *C* placebit] placebo *V* domino] deo *C* 3 producentem] procudentem *B* ungulas] ungulas. uideant pauperes et le . . . tur (*Ps. 68. 33 a*) *R* 4 iudae *R* fuit] erat *V* 5 nunc *BV*, n. et *RC*, *cf. 23, 9* botrum] racemum *V* de terra (*cf.* lin. *7*) *B*, in t. *RV*, in terram *C* 6 in palanga *BR*, *om. V*, i. phalanga *C* uectantes *BC*, uectaantes *R*, uectentes *V* reportabant] portabant *ut uid. R* 7 aduenientis *R*, aduenienté *B*, adueniens *CV* 8 Maria] uirgine maria *R* terrigeno] terreno *V* 9 palangam *BR*, phalangam *C*, phalanguam *V* 10 ostendebat B^1R, ostendit *C*, ostendebant B^2V 11 christo dantem *BV*, christo donante *C*, dantem x . . *R* botrum] racemum *V* 12 scilicet—intellegitur] nostrum populum intellegim . . *R* 13 malagranata B^1RCV, malis granatis B^2 14 adlata (*cf. 31, 13*) B^1, allata B^2RCV est cum *scripsi*, et cum B^1, est et cum *C*, es· si cum *R*, sunt cum *V*, sunt et cum B^2 eodem botro *BC*, eundem botrum *R*, eodem racemo *V*

Theophilus Christianus dixit: Rectissime malagranata botrum secuta est. figura scilicet ecclesiae fuit habens intra se populum rubeo sanguinis Christi censitum.

Simon Iudaeus dixit: Quid de ficulneis dicturus es, uel quibus argumentis tractatibus tuis probabis ficum peccatum non esse, cum, quando protoplastus Adam in transgressione sua folia ficus pudenda contexit, quae fuit prurigo et amaritudo peccati?

Theophilus Christianus dixit: Supra cutem ista intellegis, Iudaee. nam arbor ficus et tegumenta foliarum ueteris hominis figura intellegitur. nam si uelis spiritalem hominem considerare hoc est interiorem, pomum de ficulneis ad Moysen de terra repromissionis adlatum inuenies spiritalem uitam; sicut Ezechiae regi Iudaeae post augmentum uitae suae potissimum medicinae, massam ficus in sanitatem carnis suae accepisse.

6—7 cf. Gen. 3, 7 10 *ueteris hominis*] cf. Eph. 4, 22. Col. 3, 9

Auctores: 2—3 *figura—censitum*] cf. A. 35, 11—12 *ecclesia—saluabuntur* 5 *tractatibus*] cf. Tract. Orig.

1 botrum] racemum *V* 2 secuta est *C*, s. ē (ē *ut uid.* B^1, sunt [s *supra ras.*] B^2) *B*, s. sunt *V*, sub . . quitur *R* scilicet ecclesiae *V*, sc. eclesie *R*, sc. eccłae *B*, eccłę scilicet *C* intra] in *C* 3 rubeo *Engelbrecht*, rubeum *BC*, robeum qui *R*, rubore *V* sanguinis *BV et fortasse R*, sanguine *C* *a* christi *inc. cod. R fol. 117* ^{2} censitum *CV*, censetum *B*, censitus *R* 5 tractatibus (et tr. B^2)—ficum *BCV*, tractaturus es *R* 6 non] nobis *R* cum] *om. C* transgressione] transgressionem *B* 7 sua *RCV et ut uid.* B^1, ruit B^2 pudenda contexit] c. p. *V* quae *R*, quod *BCV* prurigo] origo *C* 8 peccati] peccatiș *R* 9 supra—ista (ista *Engelbrecht*, istam *BCV*)] superbae (= superbe) c . . . . *R* 10 iudaeę *R* arbor *BR*, arborem *CV* tegumenta foliarum (*cf. 31, 7*) *B*, foliarum tegmen *RV*, foliorum tegmen *C* ueteris hominis figura] f. h. u. *R* 11 uelis *RC*, uelles *BV* 12 pomum] pomum quo *C* 13 adlatum B^1R, allatum B^2V, allatum est *C* spiritalem uitam B^1RC, spiritaliter *V* 14 ezechiae regi iudaeae *B*, ezechiae regi iuda *R*, ezechiae regis iuda *C*, ezechiae regi iudae *V* *ab* entum *inc. cod. R fol. 118* ^{1} potissimum medicinae massam *BC*, potissimam medicinam m. *R*, massa *V* 15 ficus *B*, fici *RCV* accepisse *CV*, ... pisseț *R*, accepisset *B*

suffecerat enim deo dixisse: addidi tibi ad tempus uitae tuae annos XV. adiungit dicens: accipe tibi massam ficus et tere et cataplasmare et sanaberis, ut scilicet confracto inpetu libidinis sanitatem recipias. reuertamur nunc ad humilitatem primi aduentus Christi, de qua agebamus. audi Esaiam prophetam: deus, quis credidit auditui nostro, et brachium domini cui reuelatum est? adnuntiauimus de eo: sicut puer infans, non est species eius neque honor. et uidimus eum, et non habuit speciem neque decorem: homo in plaga constitutus et sciens ferre infirmitatem. quia auersa est facies eius, depretiatus est nec conputatus est. hic peccata nostra portauit et pro nobis in doloribus est. ipse autem, quod male tractatus

1 Esai. 38, 5. IV Reg. 20, 6 2 Esai. 38, 21 (*sec.* LXX) IV Reg. 20, 7 6 Esai. 53, 1—4. 7—9. 6. 12

Auctores: 4—33, 15 cf. Cypr. Test. II, 13 et 15 4—5 *reuertamur—agebamus*] cf. A. 29, 9

1 suffecerat—*2* annos XV *om. V* sufficerat *R* addidi—tempus *Engelbrecht*, additi (*sequitur rasura*) s̄t tibi ad tempus *B*, auxi ad tempus *C*, ... empui *sic R* 2 annos (annos B^1, anni B^2) XV *BR*, quindecim annos *C* adiungit *B*, adiungens et *V*, adiuncxit *C*, aiuxit *sic R* 3 ficus] fici *R* et tere et cataplasmare *scripsi*, et tere .... taplasmare *R*, terrae et c. *V*, ueterem (*ex* uetere) et c. *B*, et c. *C* ut scilicet] et *R* 4 confracto *R*, confractos *C*, confractus *B*, confractis *V* inpetu libidinis *scripsi*, impetus (impetus B^1, impetu B^2) libidinis *BC*, liuidinis inpetu *R*, impietatibus l. *V* recipias] reci.... *R* 5 humilitatem—Christi (adbentus *R*)] humilitatem christi et aduentus eius *V* qua *BR*, quo *CV* 6 *ab* audi (*ante* esaiam) *inc. cod. R fol.* 117^1 audi—deus *B*, audi (audies *V*) esaiam dicentem domine *RCV* 7 adnuntia. imus *R* 8 puer] *om. V* est] *om. V* eĩ (= eius) *B*, et *R*, ei *CV* 9 honor] decor *V* habuit *BR*, habebat *CV* 10 constitutus *B*, positus *RCV* et sciens *B*, et qui scit *CV*, e .... sciat *R* ferre *BR*, *om. CV* infirmitatem *B*, infirmitates *RC*, infirmitates sustinere *V* 11 quia] qui *C* auersa *BR*, aduersata *V*, aduersatus *C* depreciatus est nec computatus est *B*, depretiata (depreciata *V*) est nec conputata est (est *om. V*) *CV*, depredata est *R* 13 doloribus est *BV*, dolorib ..... *R*, d. fuit *C* ipse—*33, 1* est *pr. om. V*

est, sicut ouis ad uictimam ductus est; et sicut agnus coram tondente se mutus, sic non aperuit os suum. in humilitate iudicium eius sublatum est. natiuitatem autem eius quis enarrabit? quia tollitur a terra uita eius, a facinoribus populi mei adductus est in mortem. et dabo malignos pro sepultura eius et diuites pro morte eius, quia peccatum non fecit nec dolus inuentus est in ore eius. sed dominus tradidit eum pro peccatis nostris, et inter iniquos deputatus est. item illic de humilitate primi aduentus eius testatur dicens: posui dorsum meum ad flagella, maxillas autem meas ad palmas, faciem autem meam non auerti a foeditate sputorum, et fuit dominus adiutor meus. et Hieremias dicit: ego sicut ouis ad uictimam ductus sum et nesciebam. de quo agno in imaginem Christi Moyses in Aegypto pascha celebrauit

10 Esai. 50, 6—7 13 Hier. 11, 19 14—34, 12 cf. Exod. 12

Auctores: 7—9 cf. A. 27, 1—3. 5—6 14—36, 12 cf. Tract. Orig. XII 14—35, 6 cf. Cypr. Test. II, 22 (textus et inscr.). I, 8 p. 46, 2 14—34, 12 cf. Tract. Orig. IX

1 uictimam *C*, uictima B^1R, occisionem *V* 2 tondente *CV*, tondentem *R*, tundentem B^1 mutus *BR*, *om. V*, sine uoce *C* 3 *a* sublatum *inc. cod. R fol.* 118^2 natiuitatem *BV*, natibitatem *R*, generationem *C* 4 autem] *om. C* enarrabit *BV*, enarrauit *RC* tollitur *BC*, tolletur *RV* 5 a *BV*, quia a *R*, pro *C* facinoribus populi mei *B*, peccatis populi mei *C*, malignis plebis meae *V*, malignis pleuis mę *R* adductus *BV*, ductus *RC* in] ad *C* 6 et *pr.*] et non *B* dabo malignos] dedi *V* pro sepultura eius *BC*, *om. RV* et *alt.* (*om. V*)—*7* eius] *om. B* 7 quia *BV*, qui *C*, quia tolletur a t.... uita eius et *R* est] *om. V* 8 sed] *om. R* tradidit *B*, uoluit tradere *RCV* 9 et *BV*, *om. C et ut uid. R* deputatus] reputatus *V* illic] *om. R* 10 eius] *om. C* *ab* ui *inc. cod. R fol.* 124^2 12 autem *B*, *om. RCV* aberti *R* foeditate sputorum *V*, feditate sp. *R*, fidelitatē sp. B^1, confusione sp. B^2, confusione sputaminum *C* et—*13* meus] dominus aiutor meus *sic R* 13 et h. dicit *BV*, *om. R*, et h. dixit *C* ego] e. autem *R* 14 obis *R* nesciebam] nesciebant *R* quo] quo quidem *V* 15 moses *R* in *alt.*] apud *V* egypto *R* pasca *R* celebrauit] celebrabat *R*

in eliberatione populi. nec aliter potuerat populus de domo seruitutis aut de pressura Pharaonis liberari, nisi agnus occideretur et pascha celebraretur et de sanguine eius limina domus signarentur, ut, cum ueniret angelus ille uastator, uiso signo sanguinis, qui in domibus erant, saluarentur. quod sacramentum ante praedictum in aduentu Christi inpletum est. pro hoc enim in primo aduentu suo Christus occisus est, ut nos de potestate diaboli et de idolorum cultura liberaret. anniculus autem dictus est, quia, posteaquam intinctus est in Iordannem, annum praedicauit et sic passus est, et sanguine eius fronte censemur, ut in secundo aduentu, cum uenerit uastatio mundi istius, salui esse possimus. huius rei auctorem Ezechielum prophetam dabo, qui et ipse duos aduentus Christi significat dicens: transi mediam Hierusalem et notabis signum in frontibus uirorum dolentium et gementium ob iniquitates, quae

9 cf. Marc. 1, 9 Luc. 4, 19 13 et 35, 2 Ezech. 9, 4—6 cf. Apoc. 7, 3. 9, 4

Auctores: 10 cf. A. 53, 1 12—35, 6 cf. Tract. Orig. IV p. 36, 23—26 Tert. Adu. Iud. c. 11

1 in] et in *B* eliberatione *R et ut uid.* B^1, liberatione B^2*C*, liberationem *V* potuerat B^1, poterat B^2*RCV* de *B*, dei de *RCV* 2 serbitutis *R* aut *B*, et *RCV* faraonis *R* 3 et *alt.*] ut *C* domus] domo . . . *R* 4 ueniret *C*, uenerit *BV*, uenisset *R* ille *B*, *om.* *RCV* signo] agno *V* 5 qui *B*, *om.* *RCV* erant *B*, *om.* *RCV* *a* ntum *inc. cod. R fol. 127* [1] 6 in aduentu *C*, in aduentum B^1*R*, aduentum *V* pro B^1*RCV*, propter B^2 enim] ergo *R* 7 christus *B*, *om.* *RCV* nos—*8* de *B*, nos liberaret de diaboli potestate et de *RCV* 8 idolorum cultura liberaret *B*, i. c. *V*, c. i. *R*, i. c. quod est egyptia seruitus *C* 9 intinctus *BC*, tinctus *RV* est] *om.* *C* iordannem B^1 (*cf. 7, 16*), iordanne B^2, iordanneu *R*, iordane *CV* 10 sic] *om.* *R* fronte] f. signati *V* ut] et *C* in secundo] ip . . . . cundo *R* 11 uastatio] uas || *inc. cod. R fol. 124* [1] || tator *R* 12 possimus] p. ut angelus ille uastator uiso signo sanguinis in domo saluarentur *B* huius] *om.* *B* ezechielum prophetam *B*, prophetam ezech . . . . . *R*, ezechihelum p. *C* ezechielem p. *V* 13 significat *BV*, signicat *C*, significabat *R* transi *B*, tr. per *RCV* 14 notabis *B*, dabo *R*, da *CV* 15 uirorum—*35, 1* terra *BC*, u. d. e. g. ab iniquitate q. fit i. t. *V*, hominum dolentium ob iniquatem (*sic*) q. fit i. t. *R*

fiunt in terra. et rursus secundum aduentum significat uastationem non signatorum dicens: ite in ciuitatem et nolite parcere seni neque iuueni, et mulieres et paruulos occidite gladio, ut deleantur; super quos autem signum inueneritis, ne tetigeritis eos et a sanctis meis incipite. hoc signum et Raab meretrix, quae [in] figura ecclesiae fuit, coccum et spartum in fenestra suspendit, ut, cum Iesus ueniret Hiericho debellare, uiso signo coccini Raab et, qui in domo eius essent, saluarentur. ita et in aduentu Christi, cum uenerit Christus filius dei saeculum istum igni cremare, ecclesia et, qui in ea fronte signati inuenti fuerint, saluabuntur; sicut Osee, qui typum Christi fuit, iubetur accipere uxorem fornicationis hoc est ecclesiam, quam de fornicatione

2 cf. A. 34, 13 6—9 cf. Ios. 2 12—13 cf. Os. 1, 2

Auctores: 11 *ecclesia—saluabuntur*] cf. A. 31, 2—3

1 et rursus *RC*, e. rursum *V*, *om. B* significat] *om. B* 2 uastationem] *om. C* non] *om. R* cibitate *R* 3 iu . eni *R* mulieres —gladio] mulieribus et paruulis nolite parcere gladio *V* parbulos *R* 4 ut deleantur *C*, *om. RV*, et d. *B*, *cf. 50, 4* quos autem] quem *R* 5 ne] nec *V* tetigeritis—meis *B*, t. et s. m. *RCV* 6 incipite *B*, parcite *R*, parce *C*, nolite parcere *V* et] *om. V* in *uncis seclusi* aec . . . . . (*loco* ecclesiae) *R* 7 *a* fuit *inc. cod. R fol. 127* [2] cocchum *R* suspendit] pependit *V* ut—debellare (deuillare *B*) *BC*, u. c. i. naue u. ierico d. *V*, u. c. debellare ue . . . . expugnare hierico *R* 8 coccini *BC*, coccineo *V*, cocc . . . . (*cf. lin. 7*) *R* 9 essent *VB²*, esset *B¹*, *om. C*, erant *R* saluarentur] cum (*aut* eum) ea saluarentur *R* et] *om. C* in] *om. R* aduentu (aduentū *B¹*, aduentum *C*, *cf. 34, 6—7*)—cum *BCV*, aduentus secundum s . . . . . . *R* 10 uenerit *BR*, uenire caeperit *C*, uenire coeperit *V* saeculum] secundum s. *V* igni *B et ut uid. R*, ex igne *CV* 11 ecclesia *BC*, aeclesia *R*, ecclesiae *V* inuenti *BC*, *om. RV* sal . abuntur *R* 12 sicut *B*, sic et *CV*, sicut et *R*, *cf. 6, 3* osee qui (*inter* osee *et* qui *in B rasura*) *BV*, ose (*cf. 38, 6*) . . . in *R*, in osee qui *C* typum] typpū *B* fuit] tenuit *V* iubetur] iubet *V* 13 fornicationis *B*, fornicariam *RCV* aeclesiam *R* *a* catione *inc. cod. R fol. 119* [2]

idolorum Christus accepit: dixit dominus haec: occupa tibi uxorem fornicationis; hoc est de fornicatione idolorum illam accepit, quoniam initium fornicationis idolorum seruitus.

Simon Iudaeus dixit: Ergo ecclesia fornicaria est?

Theophilus Christianus dixit: Quid enim interpretatur fornicaria nisi omnibus aduenientibus subiecta? sic et ecclesia omnibus aduenientibus ad se quaestum fidei nulli negat. repudiata enim synagoga adsumpsit sibi Christus ecclesiam. audi enim Hieremiam dicentem: dimisi matrem uestram et dedi ei libellum repudii, quod dedi matri uestrae, quod dimisi eam. et alius propheta dicit: iudicamini ad matrem uestram, quia non sum uir eius. hic est enim Christus filius dei iustus, de quo et Salomon in persona Iudaeorum prophetauit dicens: circumueniamus ergo iustum, quia inutilis est nobis et contrarius est operibus nostris et inproperat nobis peccata legis, diffamat in nos peccata disciplinae nostrae, promittit scientiam dei

1 Os. 1, 2   9 Hier. 3, 8   11 Os. 2, 2   14 Sap. 2, 12—22

Auctores: 7 *quaestum—negat*] cf. Tract. Orig. XVIII p. 193, 6—8. 11   8—12 cf. Tract. Orig. V p. 50, 14—51, 18   12—37, 19 cf. Cypr. Test. II, 14

1 dixit—*3* accepit (*post* haec *repetit* dixit *B;* illam *Harnack*, alias *B*) *B*, *om. RCV*   3 quoniam *B*, quia *RCV*   idolorum *B*, est i. *RCV*   5 interpraetatur *R*   6 aduenientibus *BR*, uenientibus *CV*   subiecta *R*, *om. CV*, s. sit *B*   sic—aduenientibus *B*, *om. RCV*   7 ad se *BCV*, *om. R*   negat *B*, denegans *R*, deneget *C*, denegare *V*   8 sina . . . . *R*   adsumpsit B^1, adsumsit *R*, assumpsit *C*, assumsit *V*   aeclesiam *R*   10 ei] illi *V*   quod dedi] . . . . . edi *R*   uestre *R*   11 quod *BC*, quia *RV*   alius B^2CV, aliu B^1, alio *R*   iudicamini—uestram *BV*, iudicate m. u. *C*, iudicamini a ma . . . . . stra *R*   12 eius] *om. V*   hic ē (ē *in ras.*) enim *B*, hic est etiam *CV*, hoc est hic . . . . . . am *R*   13 Christus—iustus] dei uirtus christus *V*   et *B*, *om. RCV*   Salomon] solomõ *R*   *a* sona *inc. cod. R fol. 116* [1]   iudeorum *R*   14 ergo *B*, *om. RCV*   quia] quoniam *V*   15 inutilis—et (nolis *pro* nobis *B*) *BC*, *om. V*, inutilis no . . . . . *R*   16 et inproperat *BR*, e. improperat *C*, improperat enim *V*   16 *sq.* peccata legis diffamat in nos peccata *BC*, peccata *R*, peccata nostra et *V*   17 disciplinae nostrae *BRV*, indisciplinationis n. *C*   promittit—*37, 1* habere *B*, *om. RCV*

se habere et filium dei se nominat. et factus est nobis in traductionem cogitationum nostrarum. grauis est enim nobis etiam ad uidendum, quoniam dissimilis est aliis uita illius et inmutatae sunt uiae illius. tamquam nugaces aestimati sumus ab illo, et continet se a uiis nostris quasi ab inmunditiis et praefert nouissima iustorum et gloriatur patrem deum se habere et filium dei se nominat. uideamus ergo, si sermones illius ueri sunt, et temtemus, quae uentura sunt illi, et sciamus, quae erunt nouissima illius. si enim uerus dei filius est, suscipiet illum et liberabit illum de manibus contrariorum. contumelia et tormento interrogemus illum, ut sciamus reuerentiam illius et probemus patientiam ipsius. morte turpissima condemnemus illum; erit enim respectus ex sermonibus ipsius. haec cogitauerunt et errauerunt; excaecauit enim illos malitia ipsorum, et nescierunt sacramenta dei. et Moyses in Deuteronomio dicit: innocentem et iustum non occides. surrexisse illum a mortuis scripturae testantur. inuenimus in psalmo XV: quoniam non derelinques

18 Exod. 23, 7   20 Ps. 15, 10—11

Auctores: 19—39, 2 cf. Cypr. Test. II, 24—26

1 et *pr.*] *om. V*   et factus—*8* nominat (praefert B^2, praeferet B^1) *B*, *om. RCV*   8 ergo *B*, *om. RCV*   9 illius *BCV*, eius *R*   sunt] sint *V*   et temtemus—*14* ipsius (temtemus B^1, temptemus B^2; erunt nouissima illius *in ras.*; suscipiet B^2, suscipiat B^1) *B*, *om. RCV*   15 illum *BC*, eum *RV*   ex^{s}ermonibus *R*   ipsius *B*, illius *C*, eius *R*, nostris uel eius *V*   16 haec *B*, si enim uere filius dei est, suscipiet eum de manibus contrariorum (*a* trariorum *inc. cod. R fol. 119*[1]) haec *R*, si enim est uerus filius dei, suscipiet de manibus contrariorum haec *C*, si enim est uerus filius dei, suscipiet eum de manu contrariorum haec *V*, *cf. lin. 10*   et errauerunt] *om. B*   excecauit *R*   enim illos] eos *V*   17 ipsorum *B*, eorum *CV et ut uid. R*   sacramenta] sacramentum *C*   18 deu^{h}teronomium *R*   19 illum] autem illum *V*   a] aû *R*   scripturae testantur *BC*, scriptura testatur *V*, scribtura testatur *R*   20 inuenimus in ps. XV *B*, i. ps. XV *R*, i. ps. dicens *V*, i. ps. quinto decimo dicit *C*   quoniam *BV*, *om. C*, quia *R*

animam meam in infernum neque dabis sanctum tuum uidere corruptionem. notas fecisti mihi uias uitae, adimplebis me laetitia cum uultu tuo; item in psalmo XXVIIII: domine, eduxisti ab inferis animam meam; item in psalmo III dicit: ego dormiui et somnum cepi et exsurrexi, quoniam dominus suscipiet me. et Osee propheta testatur illum a mortuis tertio die resurrexisse, dicens: uiuificabit nos post biduum in die tertia. item ad Moysen dominus in Exodo dicens: descende et testare populum et purifica illos hodie et cras, ut lauent uestimenta sua et sint parati in die tertia. tertia enim die apparuit dominus in monte Sina. et Ionas ad praedicationem Nineuitis cum mitteretur, typum Christi demonstrabat, quod post triduum de uentre ceti, qui infernus fuit, exiturus esset. et Esaias dicit: nunc exsurgam,

4 Ps. 29, 4 5 Ps. 3, 6 8 Os. 6, 2 9 Exod. 19, 10—11 12—13 cf. Ion. 1—2. Matth. 12, 38—41 14 Esai. 33, 10—11

1 infernum *RC*, infernu B^1, inferno *V* neque—*3* uitae *om. sed indicat C uocabulo interposito* usque neque *BR*, nec *V* 2 tum *pro* tuum *R* fecisti mihi *B*, m. f. *RV* 3 adimplebis *BCV*, adimpleuis *R* 4 eduxisti] reduxisti *R* 5 III dicit *B*, indicit *V*, III *RC* somnum cepi *scripsi*, s. caepi *C*, s. (*in* somnum *post* n *rasura unius litterae B*) coepi *BV*, soporatus s . . *R* et exsurrexi *BV*, et resurrexi *C*, ... surrexi *R* 6 quoniam] quia *V* suscipiet] suscepit *C* osee (*cf. 35, 12*) *V*, *om. B*, oseae *C*, ose *R* *ab* ose *inc. cod. R fol.* 116^2 propheta] *om. V* 7 testatur—dicens *om. V* mortuis tertio (tertia *C*) die resurrexisse *BC*, mort . . . . (*fortasse scriptum erat* e sur) rexisse *R* 8 uiuificabit *V*, uiuificauit *BC*, uiuificauis *R* post biduum *C*, pos . . . . . (*fortasse scriptum erat* t bidū [= bidum, *cf.* tridum *lin. 13 et* tum *lin. 2*]) *R*, p. triduum *B*, p. duos dies *V* in die tertia *B*, d. t. *R*, et d. t. resurgimus *C*, et d. t. suscitabit nos *V* item ad—dicens *B*, et ad moysem dominus in exodo *V*, it. in e. d. a. m. dicit *RC* 9 descende—populum (ppl̄m *B*, popu . . *R*, populo *C*)] d. inquit e. testificare populo *V* 10 hodie et cras *B*, *om. RCV* ut lauent *RC*, u. leuent *V*, et labent *B* 11 in *pr.*] *om. C* tertia *alt.*—*14* esset *om. V* enim *BR*, autem *C* apparuit *BR*, apparebit *C* 12 Ionas—typum *Engelbrecht*, i. ad praedicationem ninneuitis ut mitteretur quod (quod B^1, qui B^2) t. *B*, i. niniuitis t. *C*, i. nineuita tipum *R* 13 quod *BR*, qui *C* triduum *B*, tridum *R*, triduo *C* ceti *scripsi*, coeti *B*, . . (*aut* . . .) ti || *a* ti *inc. fol.* 126^2 || *R*, caeti *C* 14 qui *B*, *om. C*, quod *R* infernus *B*, in infernis *R*, in inferis *C* dicit] *om. V* exsurgam *V*, exurgam *BRC*, *cf. 38, 5—6. 39, 3*

dicit dominus, nunc clarificabor, nunc uidebitis, nunc erubescetis. uana erit fortitudo spei uestrae, ignis uos consumet. et in psalmo LXXVII dicit: et exsurrexit tamquam dormiens dominus et tamquam potens crapulatus a uino. quod uinum dixit, passio eius demonstratur. nam in passione eius ab hora sexta usque in horam nonam tenebrae factae sunt, nox diem clausit dicente Amos propheta: occidet sol meridie et obtenebrabitur dies lucis, et conuertam dies festos uestros in luctum et omnia cantica uestra in lamentationem. et Hieremias dicit: exterrita est, quae parit, taedium tenuit anima eius; occidit sol, cum adhuc dies est; confusa est et maledicta; reliquos eorum in gladium dabo in conspectu inimicorum

3 Ps. 77, 65 5—7 cf. Matth. 27, 45 7 Am. 8, 9—10 10 Hier. 15, 9

Auctores: 4—5 cf. Tert. Adu. Marc. IV, 40 p. 268. Tract. Orig. XIII p. 141, 23—142, 1. 142, 9. VI p. 72, 16—73, 3. XII p. 137, 4—5 5—40, 1 cf. Cypr. Test. II, 23

1 dicit dominus *RCV*, *om. B* clarificabor *BV*, clar. nunc exaltabor *C*, glorificabor nunc exaltabor *R* uidebitis] uidetis *V* 2 erubescitis *codd.* uana] una *C* fortitudo *BR*, formido *CV* uestre *R* ignis] et ignis *R* 3 consumet] consumit *C* et *pr.*—*7* clausit *om. V* psalmo LXXVII *BR*, alio psalmo *C* et *alt. B*, *om. RC* exsurrexit *BC*, ex ... exit *R* tamquam dormiens *B*, *om. RC* 4 et *B*, *om. RC* tamquam *BR*, quasi *C* potens B^2RC, putans B^1 5 dixit B^1, *om.* B^2RC passio *RC*, passionem *B* demonstratur B^1C, monstra ... *R*, demonstrat B^2 nam *RC*, n. et *B* 6 ab *BC*, a *R* usque in *B*, usque ad *C*, usque *R* tenebre *R* 7 sunt *B*, sunt et *C*, sun ... *R* clausit *BC*, clauderet *R* dicente amos propheta occidit *B*, dicente amos ... idet *R*, dicens. eamus occidit *C*, et de morte ipsius occidet *V* 8 obtenebrabitur] obcaecabitur *R* lucis] . uctus *R* 9 luctum] luctu *R* et—lamentationem *om. V* 10 lamentationem *B*, lamentatione *C*, ... nctu (= planctu *?* || *a* nctu *inc. fol. 125* [1] ||) *R* exterrita—eius *om. V* 11 thedium (thedium B^1, tedium B^2) tenuit *B*, *om. C*, et e.tuabit *R* sol *BR*, *om. V*, sol et *C* 12 athuc *R* est *B*, esset *RCV* confusa—*40, 1* eorum *om. V* et *BR*, *om. C* maledicta *BC*, maledictam *R* reliquos *BC*, relimquos *R* 13 gladio *R*

eorum. quod autem post resurrectionem in caelis ascendit et ad dexteram patris sedet, scripturae omnes testantur dicentes in psalmo LXVII: iter facite ei, qui ascendit super occasum; dominus nomen est illi. turbabuntur a facie eius, patris orfanorum et iudicis uiduarum; item in psalmo XLVI: ascendit deus in iubilatione et dominus in uoce tubae; item in psalmo XVIII: a summo caelo egressio eius et occursus eius usque ad summum caeli, et non est, qui se abscondat a calore eius. lex domini inmaculata, conuertens animas; item in psalmo XVII: inclinauit caelum et descendit, et caligo sub pedibus eius, et ascendit super Cherubin et uolauit, uolauit super pennas uentorum et posuit tenebras latibulum suum; prae fulgore in conspectu eius nubes transierunt, grando et carbones ignis; et intonuit de caelo dominus, et altissimus dedit uocem suam; misit de summo et accepit me et liberauit me et eripuit

3 Ps. 67, 5—6 6 Ps. 46, 6 7 Ps. 18, 7—8 11 Ps. 17, 10—14. 17. 18

1 post resurrectionem] *om. V* caelis] coelos *V* 2 et—sedet *om. CV* sedet *B*, sedit *R* scripturae—LXVII *C*, scribturae—LXVII (*inter* X et U [= V] *rasura esse uid.*) *R*, scripturae omnes testatur dicente (test. *B*[1]; dic. *add. B*[2]) in psalmo LXVII *B*, testatur dauid in psalmo LXVI *V* 3 iter] iter inquit *V* *a* te (*in* facite) *inc. cod. R fol. 126* [1] 4 est] *om. V* illi] ei *C* turbabuntur—uiduarum *om. V* turbabuntur—orfanorum *om. sed indicat C uocabulo interposito* usque 5 patris *B*[2], p . . . . . *R*, patres *B*[1] et iudicis (iudices *B*[1]) uiduarum *B*, *om. R*, ad iudices u. *C* 6 psalmo XLVI *RC*, XLVI *V*, ps. XLVII *B* 7 et dominus *BC*, dominus *RV* psalmo] *om. V* 8 caelo] caeli *R* et occursus—*10* inmaculata *om. sed indicat C uocabulo interposito* usque et occursus—caeli *om. V* occursus *B*, occursum *R* 9 caeli *B*, ei . . *R* et non *B*, nec *RV* abscondat *B*, abcondat *ut uid. R*, abscondit *V* 10 lex—*41, 5* ueritatem *om. V* 11 caelum *B*, caelos *RC* descendit *RC*, discendit *B* et caligo—*41, 1* me *om. sed indicat C uocabulo interposito* usque 12 uolauit uolauit *B*, bolauit *R* 14 latibulum *scripsi*, l . . . . . lum *R*, latibolum *B*[1] fulgore in conspectu *B*, fulgurae bultus *R* 15 transierunt—ignis *B*, transierunt *R* 16 *ab* et *inc. cod. R fol. 125* [2] 17 summo *B*, alto *R* et liberauit me *B*, *om. R*

me ab inimicis meis potentissimis et ab his, qui oderunt me. et Esaias dicit: quis est hic, qui uenit ex Edom dominus, rubor uestimentorum ex Bosor, sic praeclarus in stola et uiolentus? et ex persona Christi respondetur: ego disputo iudicium et adnuntio ueritatem. item in psalmo XXIII ascendente Christo in caelis ianitoribus angelis dictum est: tollite portas, principes, uestri, et eleuamini, portae aeternales, et introibit rex gloriae. at illi, qui sciebant Christum uerbo in uirginem insinuatum, mirantes, quod tali habitu et trophaeam uictricem reportans caelum conscenderet, interrogant dicentes: quis est iste rex gloriae? quibus responsum datur: dominus uirtutum ipse est rex gloriae. item in psalmo CVIIII: dixit dominus

2—5 Esai. 63, 1   7. 11. 12 Ps. 23, 7—8. 10   9 *Christum—insinuatum*] cf. Luc. 1, 35   10 *mirantes*] cf. I Petr. 1, 12   13 Ps. 109, 1—5

Auctores: 2—5 cf. Tert. Adu. Marc. IV, 40 p. 268. Tract. Orig. XII p. 137, 6—10. VI p. 72, 14—16. 73, 2—3   6—13 cf. Firm. Mat. c. 24 p. 115, 7—25   7. 11. 12 cf. Cypr. Test. II, 29   10 *tali habitu*] cf. A. 41, 9 *Christum—insinuatum*   *trophaeam uictricem reportans*] cf. Tert. Adu. Marc. IV, 20 p. 209 *per tropaeum crucis triumphauit.* Tert. Adu. Iud. c. 10. Tract. Orig. XIV p. 153, 14—18   13—42, 15 cf. Firm. Mat. c. 24 p. 117, 4—10. 115, 27—116, 6. Cypr. Test. II, 26

1 potentissimis B^2R, fortissimis *C et ut uid.* B^1 2 uenit *BC*, as... dit *R*   3 dominus *B*, *om.* *RC*   uestimentorum *B*, uestimentorum eius *C*, bestimenti eius *R*   bosor sic praeclarus *BC*, b. ipse est enim qui uenit ex Edom p. *R*   4 et *pr.* *B*, *om.* *RC*   uiolentus *BC*, biolenta *R*   et *alt.* *BC*, *om.* *R*   ex *BR*, *om.* *C*   respondetur *BC*, responditur *R*   6 psalmo XXIII] XXIV *V*   ascendente] ascendenti *C*   *a* te (*in* ascendente) *inc. cod.* *R fol.* 121[2]   caelis B^1RC, coelis *V*   7 principes B^1V, principis *RC*   uestri] uestras *V*   8 elebamini *R*   introibit *V*, introiuit B^1C, intro .... *R*   9 qui sciebant *BR*, qui escibant *C*, qui nesciebant *V*   uerbo] uerbum *V*   in uirginem] uirgine *C*   10 et] *om.* *R*   trophaeam *V*, trophea *B*, tropeam *RC*   uictricem] uictoriae *C*   reportans B^2CV, reportas B^1, reportasset *R*   11 caelum] in c. *R*   conscenderet B^2C, conscidere *aut* conscideret B^1, ascenderet *V*, considerantes *R*   dicentes] *om.* *V*   qui^{s} *R*, quis B^2CV, qui B^1 13 item] et *C*   psalmo] *om.* *V*   dixit (cuius *ante* dixit B^1) *BRV*, dicit *C*

domino meo: sede ad dexteram meam, donec ponam inimicos tuos scabellum pedum tuorum. uirgam uirtutis tuae emittit dominus ex Sion, et dominare in medio inimicorum tuorum. tecum principium in die uirtutis tuae, in splendore sanctorum. ex utero ante luciferum genui te. iurauit dominus et non paenitebit eum: tu es sacerdos in aeternum secundum ordinem Melchisedech, dominus a dexteris tuis. audi nunc et claritatem regni secundi aduentus eius apud Danihelum: uidebam nocte in uisu, et ecce in nubibus caeli quasi filius hominis ueniens uenit usque ad ueterem dierum, et data est ei potestas regia; omnes reges terrae per genus et omnis claritas seruient ei, et fides eius aeterna, quae non mouetur, et regnum eius non corrumpetur. item in psalmo XCII: dominus regnauit, decorem induit, induit dominus fortitudinem et praecinxit se uirtute. etenim confirmauit orbem terrae, qui non mouebitur. parata est sedes tua, deus, ex illo saeculo tu

9 Dan. 7. 13—14 15 Ps. 92, 1—2

1 ad dexteram meam *BR*, a dextris meis *CV* 2 uirgam—*8* et *om. V* uirgam *BC*, uirga *R* 3 *a* tuae *inc. cod. R fol. 114*[1] exion *R* et dominare—*8* tuis *om. sed indicat C uocabulo interposito* usque *et sequentibus psalmi uerbis* confringet in die irae suae reges *C* dominare in *B*, domina . . . n *R* 4 principium *B*^{2}*R*, principio *B*^{1} 5 splendore *scripsi*, splendorem *B*^{1}, splendoribus *R* 6 iurabit *R* 8 melchisedech *B*, melchise (*sequitur post* e *et ante* d *una littera, fortasse* e) dech *cf. pag. 25, 1 R* 9 claritatem *B*^{1}*R*, de claritate *CV* regni *CV*, *om. R*, regni sui *B* apu. *R* danihelum *RC*, danielum *B*, danielem *V*, *cf. 13, 1* 10 nocte] noctu (*a* tu *inc. fol. 121*[1]) *R* uisu] uisum *B*^{1} et] *om. R* 11 filius] filium *C* ueniens uenit *BV*, habens uenit *R*, uenientem *C* ueterem *BV*, uetustum *C*, ... tum *R* 12 omnes—genus *om. V* omnes *B*, et o. *RC* 13 per genus *BR*, *om. C* seruient *BC*, seruiet *RV* fides] potestas *R* 14 quae—corrumpetur (mouebitur *pro* mouetur *CV*)] *om. R* 15 item—*43, 13* psalmo *om. V* dominus—*17* etenim *om. R* 16 induit dominus—*18* deus *om. sed indicat C uocabulo interposito* usque 17 confirmauit *B*, firmauit *R* qui *B*, quae *R* 18 est *B*, *om. R* dš *B*, domine ex tunc et *R* ex illo *B*, a *RC*

es. et in psalmo XLVIIII: deus deorum dominus locutus est et uocauit terram a solis ortu usque ad occasum, ex Sion species decoris eius. deus manifeste ueniet, deus noster, et non silebit. ignis in conspectu eius ardebit, et in circuitu eius tempestas ualida. uocauit caelum sursum et terram, discerneret populum suum. colligite illi sanctos eius, eos, qui disponunt testamentum eius in sacrificiis. et adnuntiabunt caeli iustitiam eius, quoniam deus iudex est. item in psalmo XLIIII dicit: accingere gladium tuum circa femur, potentissime, speciem tuam et pulchritudinem tuam; et intende, prospere procede et regna propter ueritatem et mansuetudinem et iustitiam. item in psalmo XCV dicit: dicite in nationibus: dominus regnauit a ligno. item apud Esaiam: puer natus est nobis, cuius imperium factum est super humeros eius, et uocabitur nomen illius magni

1 Ps. 49, 1—6 10 Ps. 44, 4—5 14 Ps. 95, 10 15 Esai. 9, 6

Auctores: 1—13 cf. Cypr. Test. II, 28. 29 13—44, 5 cf. Tert. Adu. Iud. c. 10

2 et—*9* eius *om. sed indicat C uocabulo interposito* usque uocabit *R* terra *R* 3 exion *R* manifeste *B*, manifestus *R* 4 sileuit *R* in conspectu eius *B*, ante eum *R* 5 *a* circuitu *inc. cod. R fol. 114*^{2} uocauit *B*, adu . . . bit *R* 6 terra *R* discerneret B^1, discern . . . (*aut* . . . .) *R*, ut *ante* discerneret B^2 7 colligite *B*, congregate *R* sanctos *B*, iu . . . . *R* eos qui *B*, qui *R* disponunt *B*, ordinant *R* 8 in sacrificiis *B*, super sacrificia *R* 10 accingere B^2RC, accinge B^1 circa —*13* et *pr. om. sed indicat C uocabulo interposito* usque femur B^2R, faemor B^1 11 speciem tuam et pulchritudinem (pulcritudinem *R*) tuam *R et ut uid.* B^1, specie tua et pulchritudine tua B^2 et *alt. R et ut uid.* B^1 12 *ab* opter *inc. cod. R fol. 120*^{2} ueritatem *B*, u. tuam *R* 13 dicit *B*, *om. RCV* 14 nationibus *BV*, gentibus *RC* regnabit *R* 15 apud *V*, *om. C*, aput B^1R esaiam] esaias *C* est] *om. V* nobis] *om. R* factum est *scripsi*, factus e. *B*, *om. RCV*, *cf. 44, 4* 16 humeros (umeros *B*)] humerum *V* uocabitur *BV*, bocabitur *R*, uocatur *C* illius *B*, eius *RCV*

consilii angelus. et, si uolueris plenitudinem euangeliorum cognoscere, inuenies apud Iohannem nostrum euntem ad passionem Christum crucem in humeris sibi portasse, pro quo dicit Esaias: cuius imperium factum est super humeros eius. item in psalmo LXXI: deus, iudicium tuum regi da et iustitiam tuam filio regis, iudicare populum tuum in iustitia et pauperes tuos in iudicio. suscipiant montes pacem populo tuo et colles iustitiam. iudicabit egenos populi et saluos faciet filios pauperum et humiliabit calumniatorem et permanebit cum sole et ante lunam in generationes generationum. orietur in diebus eius iustitia et habundantia pacis, donec extollatur luna. et dominabitur a mari usque ad mare et a fluminibus usque ad terminos orbis terrarum. coram illo decident Aethiopes, et inimici eius terram lingent et adorabunt eum semper, tota die benedicent eum. et erit firmamentum in terra in summis montium, superextolletur super Libanum fructus eius, et florebunt de ciuitate sicut fenum terrae. sit nomen eius benedictum in saecula saeculorum, ante solem permanet

2 cf. Ioh. 19, 17   5 Ps. 71, 1—5. 7—9. 15—17

Auctores: 5 cf. Tert. Adu. Marc. V, 9. IV, 14. Cypr. Test. II, 30

1 plenitudinem (p *ex* s *corr. m. 1; antecedit* p q *deletum a m. 1 C*)] omnem pl. *V*   euangeliorum] angelorum *C*   2 cognoscere] co (*post* o *fortasse* c *pro* g) . . . cere *R*   apud *CV*, aput B^1R nostrum] *om. C*   3 in—portasse *C*, s. i. h. p. *V*, eum i. umeros s. p. *B*, i. humeros siui portantem *R*   pro *BCV*, de *R*   quo B^2RV, quod B^1C dicit Esaias] haec isaias d. *V*   4 cuius—*45, 3* eum *om. V*   humeros *RC*, umeros *B*   5 regi da *BC*, d. r. *R*   6 et—*45, 1* eius et *alt. om. sed indicat C uocabulo interposito* usque   iustitiam *B*, iustiti (*sequitur* a, *et super* a *puncta esse uid.*) *R*   7 *ab* es *inc. cod. R fol. 115*[1]   9 iudicabit *scripsi*, iudicauit *B*, iudicare *R*   egenos *scripsi*, egenus *B*, pauperes huius *R*   10 humiliabit *R*, humiliauit *B*   11 luna *R*   generationes generationum *B*, seculum (*sic*) saeculi *R*   orietur—*45, 3* eum *om. R*   15 lingent B^1, linguent B^2 17 montium *ut uid.* B^1, montibus B^2 19 sit B^2, si B^1 20 solem B^2, sole B^1

nomen eius et ante lunam sedes eius, et benedicentur in eo omnes tribus terrae, omnes gentes magnificabunt eum.

Simon Iudaeus dixit: Omnia quidem in Christo praefigurata manifesta probatione per scripturas meas mihi ostendisti. et uolueram quidem credere, si non me psalmi istius deliberatio reuocaret. nam hic psalmus in Salomonem dictus est; adeo titulus eius te reuincit, cum dicat: Psalmus in Salomonem.

Theophilus Christianus dixit: Inuisor ille, qui protoplastum fefellit et populum uestrum modo decepit, per cuius inuidiam mors in orbem terrarum uenit, hic uidelicet et sensum cordis tui occupauit, ut rem manifestam et in luce positam errulus non intellegas. Salomon enim intra certa Iudaeae XL annis

10—12 cf. Gen. 3 14 cf. III Reg. 11, 42

Auctores: 7—9 cf. Tert. Adu. Marc. V, 9 14—46, 12 cf. Tert. Adu. Marc. V, 9. III, 20. IV, 14 p. 189. Tert. Adu. Iud. c. 7. 12. 14 p. 741

1 lunam B^2, luna B^1 2 magnificabunt *B*, benedicent *C* 5 per scripturas meas mihi *BC*, p. scriburame....i (*fortasse scriptum erat* scribturameamihi [= scripturam meam mihi]) *R*, prae scripturis meis mihi *V* 6 *a* dere *inc. cod. R fol. 120* [1] me psalmi istius] ps. i. m. *R* 7 deliberatio] deliberatione B^1 in] *om. C* Salomonem *scripsi*, solomonem (*litteram* o *prima syllaba huius nominis etiam in lin. 9—46, 10 habet*) B^1, salomo.. (*aut*...) *R*, salomone *CV* 8 est] est. deus iudicium tuum, quem dudum mihi proposuisti *V* adeo] a. ut *V* eius] *om. R* reuincit—Salomonem *scripsi*, reuincit (reuincit B^2, reuinceret B^1) cum dicat psalmus in salomone (salomone B^2, solomonem B^1) *B*, reuincat cum dicat psalmus in salomone *V*, reuincit *RC* 11 modo decepit B^1, modo decipit B^2, decepit *CV*, de..... *R* inuidia *R* 12 terrarum] terrae *V* hic—occupauit *om. R* et sensum *B*, sensum *C*, sensus *V* 13 occupauit *B*, praeoccupauit *CV* et] *om. R* lucem *R* errulus *R*, errolus *C*, errollus *V*, rursus (*inter* positam *et* rursus *rasura*) *B* 14 intra certa *B*, *om. CV*, intra certam aetate (*sic*) *R* Iudaeae *Engelbrecht*, *om. R*, iudaea *B*, in iudaea *CV*

regnauit, a Dan usque ad Bersabee, et postea deliquit, sicut in Basilion libro tertio dicit: et fecit Salomon malignum et non ambulauit in uia patris sui Dauid et aedificauit idolum Moab, Chamos, et Triuiae, abominationis Sidoniorum; et excitauit dominus satanan ipsi Salomoni Ader Idumaeum. Christi autem regnum ultra incognitas solitudines est porrectum. de quo enim deus per prophetam: et permanebit cum sole et ante lunam in generationes generationum et dominabitur a mari usque ad mare et a flumine usque ad terminos orbis terrae? numquid de Salomone hoc dicit, cuius regnum et annos superius tibi ostendi? Christus autem semper et ubique regnat.

2 III Reg. 11, 8. 5. 6. 14 7 Ps. 71, 5. 8 11 *superius*] cf. A. 45, 14—46, 1

1 a dan *CV*, ab adam *B*, ad iordannem *R* ad *BR*, *om. CV* bersabee *VB*², ersabee *B*¹, bersabeae *C* bersabe *R* et postea deliquit (*post* de *et* li *rasura in B; derelinquit ut uid. B*¹) *BV*, p. delinquit *R*, p. deliquid *C* 2 basilion *V*, regnorum *BR*, regum *C* libro tertio] libri tertii *C* dicit] dicitur *V* malignum] malum *V* 3 patris sui Dauid (da ‖ *sequitur littera ex parte erasa, ut uid.* g ‖ u . . *R*)] d. p. s. *V* *ab* et *alt. inc. cod. R fol. 115* ² et aedificauit *BC*, sed ae. *V*, et edififabit *R* 4 idolum—Sidoniorum *scripsi*, i. m. et chamos tr. abhominationes sydoniorum *C*, i. m. et camus (camus *B*¹, chamos *B*²) tribiae a. ut s. adeta flumine usque ad terminos orbiterre (orbiterre *B*¹, orbiterr^{a}e [*tertia et quarta syllaba punctis inclusae sunt*] *B*²) *B*, i. m. et camp . . . . . uiae a. s. *R*, excelsum chamos, idola moab, et regi eorum idola filiorum ammon et astaron, idola abominationis sidoniorum *V* 5 excitauit] . . . . (*aut* . . .) tabit *R* dominus *BR*, deus *CV* satanan *BR*, satanam *V*, satan *C* ipsi Salomoni (solomoni *B*¹)] in ipso salomone *R* ader idumaeum *V*, a . . . . eum *R*, adeliden i. *C*, ad eradicandum eum *B* 6 ultra—porrectum *B*, intra incognitas (cognitas *R*) sol. porr. est *RC*, in omni porrectum est orbe terrarum *V* 7 de quo (enim *post* quo *B*¹) deus per prophetam et *B*, de quo enim dicit propheta *RC*, ideo de eo propheta commemorat dicens *V*, *cf. 10, 7—8* 8 luna *B*¹*R* generationes generationum *B*, saeculum saeculi *R*, saecula *CV* 9 et dominabitur—terrae (a mare *R*, fines *pro* terminos *R*) *RCV, om. B, cf. 46, 4* 10 numquid *scripsi*, numq . . . *R*, quid *B*, non *CV* 11 hoc *BR*, *om. CV* regnu *finis fol. 115* ², *expl. cod. R* 12 Christus—regnat *BC*, *om. V*

Simon Iudaeus dixit: Recedit, ut uideo, de mentibus meis inimicus patrum meorum diabolus, qui oculos cordis mei caecabat. coepi enim uelle lumen ueritatis agnoscere.

Theophilus Christianus dixit: Crede ergo tu, ut possis de singulis inluminatus de uinculis exire, sicut Esaias de Christo dicit: spiritus domini super me; propterea unxit me et misit me bene nuntiare pauperibus, sanare contritos corde, educere e uinculis adligatos et de domo carceris sedentes in tenebris et umbra mortis, dare lumen caecis. quid enim intellegitur domus carceris et homines in uinculis oppressi nisi saeculi istius homines ignorantiae caecitate detenti et diaboli peccatis uinculati? sicut in Genesi dicit: et erant tenebrae super abyssum, et dixit deus: fiat lux! abyssus enim quid intellegitur nisi

2 *oculos cordis*] cf. Eph. 1, 18 6—10 Esai. 61, 1. 42, 7. 9, 2 13 Gen. 1, 2—3

Auctores: 1 *de mentibus meis*] cf. Tract. Orig. XX p. 212, 19 2 *oculos cordis*] cf. Tract. Orig. III p. 30, 2. 25. Tert. Adu. Marc. V, 17 p. 324. A. 45, 12. 54, 3 6—10 cf. Tert. Adu. Marc. III, 20. IV, 7. 14. V, 11. Adu. Iud. c. 12 9—12 *sedentes—uinculati*] cf. Euch. Form. 43, 6—7 14 *fiat lux*] cf. Tert. Adu. Marc. V, 11 p. 309 Adu. Prax. c. 7 et 12 14—48, 1 *abyssus—caecata*] cf. Euch. Form. 42, 21—22

1 recedit *CV*, recide *B* ut *CV*, quia *B* mentibus meis *BC*, sensu meo *V* 2 oculos cordis mei *BC*, mentem meam *V* 3 enim *CV*, animum *B* uelle *B*, *om. CV* 4 ergo tu *B*, e. *CV* ut possis de singulis *B*, *om. V*, u. p. *C* 5 exire *BC*, e. tenebrarum *V* sicut B^{2}, sicut eni (*sic*) B^{1}, sic enim *CV* 6 propterea *BV*, propter quod *C* unxit *CV*, uncxit *B*, *cf. 4, 15* 7 et *B*, *om. CV* bene nuntiare *BV*, euangelizare *C* 8 e *B*, de *CV* alligatos *BV*, ligatos *C* 9 *pro* sedentes—caecis *habet V:* aperire oculos caecorum tenebris et umbra mortis *B*, tenebris *C* 10 *pro* quid—*48, 2* ignorantiae *habet V:* quid aliud intelligi potest nisi saeculi istius homines ignorantiae caecitate detentos et diaboli uinculis alligatos 11 in uinculis *B*, uinculis *C* oppressi B^{2}, oppressos $B^{1}C$ 12 detenti *B*, detectos *C* uinculati B^{2}, uinculatos $B^{1}C$ sicut in *B*, in *C* 13 et erant tenebrae *B*, e. t. er. *C* abyssum *C*, abyssos *B* 14—*48, 2* abyssus—ignorantiae (*pro uerbo* lux, *quod conieci, C habet* pax) *C*, hominum tenebris ignorantiae caecatos sed adueniente lumine (lumine B^{2}, lumen B^{1}) recedunt (recedunt B^{2}, recedent B^{1}) tenebrae *B*

corda hominum tenebris ignorantiae caecata? sed aduenienteChristo, qui est lux, recedunt tenebrae ignorantiae.

III *Simon Iudaeus dixit:* Multa quidem occulta et inaudita mihi manifestasti. sed adhuc animae meae inest scripulum diffidentiae, eo quod omnia religiose colitis, sabbatum uero, quem deus custodiendum seruandumque mandauit, neglegitis, cibos praeterea et uinum gentiliter sumitis, cum deus specialiter praeceperit, quaeque debeant ex animalibus et piscibus esse edenda et quaeque exsecranda nec morticina illorum tangenda. nisi mihi et hoc per scripturas probatum fuerit, periclitor credere.

Theophilus Christianus dixit: Iam et superius dixi tibi, quod diabolus inuideat tibi, quod scilicet filius sis patrum tuorum, qui tot beneficiis fulti et ab Aegypto liberati — ad

2 cf. Ioh. 8, 12 5—10 cf. Exod. 20, 8 al. Leu. 11. Deut. 14 14—49, 3 cf. Exod. 14. 22. 29. 16, 12—31 (Ps. 77, 19—27). 32, 1 al.

Auctores: 1—2 *corda—tenebrae ignorantiae:* cf. [Phoeb.] Tract. d f. c. 3 p. 38 *C* 1 et 2 *tenebris* (*tenebrae*) *ignorantiae*] cf. Tert. Adu. Marc. III, 20 p. 149. V, 9 p. 300. Adu. Iud. c. 12 p. 733—734. Tract. Orig. XII p. 134, 20—22. XIV p. 160, 22 1—2 *aduueniente—lux*] cf. Tert. Adu. Marc. V, 9 p. 300. V, 11 p. 309. Adu. Iud. c. 14 p. 741. Adu. Prax. c. 7 et 12 7 *uinum—sumitis*] cf. A. 2, 6 12 *superius*] cf. A. 45, 11—14. 47, 2

3 occulta *B*, *om.* *CV* 4 mihi manifestasti *B*, ma. mi. *CV* scripulum *B*[1], scrupulum *B*[2]*CV* 5 religiose *C*, religiosae *B*[1], relegisse *V* 6 quem *CV et ut uid.* *B*[1], quod *B*[2] nec legitis *B*, negligitis *V*, cur neglegitis *C* 7 et uinum *BV*, uinumque *C* 8 praeceperit *BV*, praecepit *C* quaeque *B*, quae *CV* piscibus *BC*, ex p. *V* 9 edenda *BC*, sumenda *V* et quaeque *B*, et quae *CV* exsecranda *C*, exacranda *B*, excerenda (*!*) uel exsecranda *V* morticina illorum *B*, m. eorum *C*, mortua ill. *V* 10 mihi et *BC*, *om.* *V* probatum fuerit *B*, probaueris *CV* 12 et *BC*, *om.* *V* dixi (dixi *B*[2], dix *B*[1]) tibi *B*, *om.* *V*, t. d. *C* 13 quod *pr.* *CV*, quod et *B* 14 qui *BV*, quos *C* fulti *V*, fultos *C*, fulcitus *B* et ab *BC*, ex *V* liberati *V*, liberatus *B*, liberatos *C* ad—undas *BC*, ad uicem metallini aeris rubri maris circumsteterunt *V*

uicem murorum mare circumstetit undas —, in heremo largis dapibus adparati caelestique cibo manna saturati, in obliuionem transgressi profanos deos, quos colerent, ausi sunt postulare. merito deus per Hieremiam increpat et obiurgat genus uestrum dicens: si mutabit Aethiopus colorem et pardus uarietatem, sic et uos mutamini a doctrina mala. sabbata scilicet imaginaria requies septimi diei tradita fuit, primum quod Iesus filius Naue, ut Hiericho debellaret, per septem dies uicibus muros circuibat; arma bellica tractantes et arcam testamenti gestantes, septima autem die septies, circuierunt. manifesta ueritas est, quod aut sabbato coeperunt aut in sabbato cadentibus muris Hiericho debellauerunt. accedit et illud, quod in Machabaeis maximam uictoriam de inimicis suis sabbato reportabant et ultionem aduersariorum gladiis suis sabbato uindicabant. accedit et illud, quod humanum sabbatum repellat deus dicente Esaia: ieiunium et dies festos uestros et

5 Hier. 13, 23 7—12 cf. Ios. 6 12—15 cf. II Macc. 15 (I Macc. 2, 39—41) 16 Esai. 1, 13—14

Auctores: 2 cf. Tract. Orig. XVI p. 176, 14—15 6—50, 7 cf. Tract. Orig. VIII. Tert. Adu. Iud. c. 4 7 *imaginaria*] cf. Tert. Adu. Marc. III, 11 p. 136 et saepius. Tract. Orig. X p. 109, 20. 114, 17—18

1 in *C*, *om.* *V*, et *B* heremo *B*, aerem *C*, unde *V* largis dapibus *B*, l. etiam d. *V*, l. lapidibus *C* 2 apparati *V*, apparatos *C*, apparatur *B* caelestique cibo manna *BC*, coelesti manna *V* saturati *V*, saturatus *B*, saturatos *C* in *B*, *om.* *CV* 3 transgressi *V*, transgressus *B*, transgressos *C* colerent *CV*, colere *B* 4 merito—dicens *BC*, m. de uobis hieremias dixit *V* 5 mutabit *V*, mutauit *BC* aethiopus *B*, aethiops *V*, ethiops *C* 6 mutamini a doctrina mala *B*, edocti mala *C*, edocta mala *V* 8 filius *BC*, *om.* *V* per *BC*, *om.* *V* dies *BC*, diebus *V* uicibus *B*, uicissim *CV* 9 bellica tractantes (trectantes *B*[1]) et arcam (arca *ut uid.* *B*[1]) *B*, b. et arca *C*, b. arcam *V* 10 manifesta *BV*, nam m. *C* 11 quod *BC*, *om.* *V* 12 debellauerunt *CV*, deuellauerit *B* accedit—*15* uindicabant (machabeis *B*, uictoria *B*[1], sabbata *ante* uindicabant *B*[1]) *B*, *om.* *CV*, *cf.* *50, 2* 15 accedit et illud *B*, a. *V*, accidit i. *C* repellat deus *B*, d. r. *C*, d. repellit *V* 16 dicente esaia (isaia *V*) *CV*, dicentem esaiam *ut uid.* *B*[1] dies festos uestros *BC*, diem festum uestrum *V*

sabbata uestra odit anima mea. facti estis mihi in habundantiam, iam non dimittam peccata uestra. illud autem sabbatum deus desiderat, requiescere te debere ab operibus malignis, ut in septimo millesimo anno, quod sabbatum sabbatorum intellegitur, mundus ab operibus malis inueniaris. haec erit sabbata tenera sancta deo, in qua deus delectatur. cibos autem quod ambigis manducare debere, non carnes suillas, sed facta porcina prohiberis admittere. similiter in aqua luto mixta uolutans sororem tuam tibi in coniugio copulas, sanguinem cum sanguine iungis, rapinis terram perscrutaris, festa tua publicas, in plateis oras. ecce quomodo peccas! et non intellegis de te scriptum esse in psalmo XVI: saturati sunt porcina et reliquerunt reli-

4 *in—anno*] cf. Apoc. 20 6—7 cf. Esai. 58, 13 9—10 *sororem —copulas*] cf. Ezech. 22, 11 11 *in plateis oras*] cf. Matth. 6, 5 13 Ps. 16, 14

1 uestra *B*, *om. CV* odit *BV*, odiit *C* facti—*2* habundantiam (habundantia *C*) *BC*, fecistis mihi taedium *V* 2 iam *B*, *om. CV* dimittam peccata uestra *BV*, parcam peccatis uestris *C* illud (illut B^1) autem *BV*, accidit illud quo (*sic*) de machabeis sabbato repugnabant ut ultionem aduersariorum gladiis suis sabbato reuindicabant. illum autem (*cf. 49, 12—15*) *C* 3 debere *BC*, *om. V* 4 malignis ut *Harnack et ego*, malignis et *B*, malis. nisi *C*, malis ut *V* in septimo *B*, *om. V*, i. s. et *C* quod—intellegitur *B*, *om. C*, q. s. s. est *V* 5 ab—inueniaris *BC*, i. a. o. m. *V* 6 erit (*supra* e *ras.*) B^2, ē *ut uid.* B^1, eř *C*, erunt *V* sabbata *B*, *om. CV* tenera sancta *B*, sancta tenera *C*, sancta tenenda *V* deo *BC*, *om. V* qua *BV*, quibus *C* 7 delectatur *BC*, delectetur *V* cibos *BC*, cibus *V* quod *V et ut uid.* B^1, quos B^2C ambigis *CV*, abigis (i *alt. in rasura*) *B* 8 porcina *B*, porcorum *CV* 9 in—uolutans *Engelbrecht*, aquam luto mixtam uolutas *B*, enim aqua mixto luto uolutas *C*, aqua mixto luto uoluptas *V* sororem B^1CV, cum s. B^2 coniugio *scripsi*, coniungio *B*, conubio *C*, concubitu *V* 10 sanguinem—iungis *B*, s. sanguini incitas *CV* 11 perscrutaris *BV*, perscrutas *C* festa *BV*, facta *C* publicas *BV*, puplicas *C* 12 esse *BC*, *om. V* 13 XVI *om. V* porcina *BC*, filiis *V* reliquias *BC*, quae superfuerunt *V*

quias paruulis suis, hoc est peccatum uestrum posteritati uestrae propagatis. de piscibus autem squamea cute uescitis; cetera autem, quae uitare fingitis, retibus extracta et in multitudine piscium permixta, penitus exsucata per liquamen dulciter manducatis. uinum autem Christianorum ostende mihi per scripturam ubi prohibitum acceperis, et recte me uincere poteris. ego autem ostendam tibi, ubi Iudaicum uinum prohibetur et escas tuas manducare uetamur. audi Esaiam prophetam dicentem: manus uestrae sanguine plenae sunt; lauamini, mundi estote! item in psalmo XIII dicit: ueloces pedes eorum ad effundendum sanguinem. contritio et infelicitas in uiis eorum, et uiam pacis non cognouerunt. ecce quales pedes! et quibus manibus uinum et azymas conficitis! et in Deuteronomio dicit: de uinea enim Sodomorum uinum eorum, et propago eorum ex Gomorra. uua eorum uua fellis, botrus amaritudinis in ipsis. furor draconum uinum eorum

9 Esai. 1, 15—16 11 Ps. 13, 3 sec. LXX et antiquiss. uersionum Vulgataeque textum lat.; Esai. 59, 7 sec. text. hebr. 14 Deut. 32, 32—34

1 posteritati uestrae propagatis *scripsi*, post. uest. propaginis B, et posteritatis uestrae CV 2 squamea cute *Engelbrecht*, squama cute B, squamis cutem V, squamaticum C uescitis C *et ut uid.* B[1], uescimini B[2], uestitis comeditis V 3 uitare fingitis BC, configitis uitare V 4 multitudine CV, multitudinem B permixta BV, commixta C exsucata B, exulata C, exsiccata V per liquamen B, in liquamine CV 6 scripturam B, scripturas CV ubi—acceperis BC, ubi sit prohibitus bibere V et—*8* prohibetur *om.* V et—*7* ostendam B, et ego ostendam C 8 prohibetur B, bibere pr. C escas B, azimas C, azymas V audi—*13* cognouerunt (*ante* uiam *ras.*) B, audi in psalmo tertio decimo dicentem: ueloces—cognouerunt. et esaias dicit: manus—estote C, audies prophetam dicentem: ueloces—sanguinem. et rursus: manus—sunt V 13 ecce—conficitis *om.* V quibus manibus B, quales manus C 14 azimas (z *in ras.*) B, azima C, *cf. lin. 8* conficitis (ti *supra ras* B) BC dicit BC, *om.* V de BV, ex C 15 enim BC, *om.* V uinum B, uitis C, uinea V et—*52, 2* sunt *alt. om.* C *sed indicat uocabulo interposito* usque 16 botrus B, et b. V 17 in ipsis B *om.* V furor B, ira V

et furor aspidum insanabilis. nonne haec congregata sunt apud me et signata sunt in thesauris meis?

His tot et tantis testimoniis reuictus, Simon, uel si credere nequiueris, saluti tuae contradicis. lege scilicet Danihelum et inuenies Nabuchodonosor dicentem: nonne tres uiros in fornacem misimus? ecce uideo quattuor uiros, et facies quarti similitudo filio dei. quid dicis, Iudaee? Nabuchodonosor barbarus filium dei cognouit, quem tu tardas inuenire. et uide, ne in te inpleatur inuectio Ambacuc prophetae dicentis: uidete, contemptores, et inspicite et admiramini, quoniam ego opus operor in diebus uestris, quod non creditis, si quis enarrauerit uobis.

IV *Simon Iudaeus dixit:* Lator salutis, Theophile, aegrotorum bone medice, nec ultra possum dicere. iube me catecizari et

5 Dan. 3, 91—92 10 Abac. 1, 5 cf. Act. 13, 40—41

Auctores: 4—12 cf. Tract. Orig. IV p. 40, 10—11. 6 13—53, 7 cf. Tert. De bapt. c. 5—8 p. 206, 3—207, 17 13—14 cf. A. 53, 12—13. 54, 1—3 14—53, 7 *iube—fidem*] cf. Tert. De resurr. carn. c. 8 *caro abluitur—illuminetur.* Tract. Orig. XVII p. 187, 16—21

1 et furor *B*, ira *V* nonne—meis *om. V* 3 his *BC*, si h. *V* reuictus *B*, *om. V*, reuictis *C* simon uel si *B*, simon *V*, si *C* 4 nequiueris *BC*, nolueris *V* scilicet (de *post* scilicet B^1) *BC*, Simon *V* 5 nabuchodonosor—nonne (nabucodonosor B^1, *cf. lin. 7;* regem *post* n. *C*) *BC*, nabugodonosor barbarum: filium dei ipse cognouit quem tu tardas agnoscere. nonne *V*, *cf. lin. 7—8* 6 ecce *BV*, et e. *C* 7 similitudo *BC*, similis *V* filio *B*, filii *V*, est filii *C* nabuchodonosor—*9* et *BC*, *om. V* 9 inuectio *CV*, *om. B sed scribit* inuentio *post* prophetae ambacuc (ambacu B^1) *B*, abbacuc *C*, abacuc *V* 10 contemptores et *scripsi*, contemptorem et *B*, contemptores *C*, contemtores et *V* admiramini *B*, disperite *C*, desperate *V* 11 non creditis si quis enarrauerit (narrauerit *V*) uobis *BV*, nemo credit cum narrabitur *C* 13 lator salutis *BV*, lator legis salutis (legis *supra* lator *scriptum est a m.* [1]) *C* egrotorum *B*, aegrorum *CV* 14 nec—dicere (quid *post* ultra B^2) *B*, n. u. p. differre *C*, neque u. differe (*sic*) p. *V* catezizari *V*, cathecizari *C*, chatacizare B^1, catazizare B^2

signo fidei Iesu Christi consecrari. arbitror enim per manus inpositionem accepturum me delictorum ablutionem.

Theophilus Christianus dixit: Immo benedictionem! sic Isac Iacob benedixit, et per inpositionem manus benedictionem accepit, ut maior fieret ex minore. sic et Efrem et Manasse per inpositionem manuum dilatati sunt.

Tunc Theophilus Simonem Iudaeum unxit. et adeptus fidem Simon gratias agere coepit dicens: gratias tibi ago, Iesus, quem nunquam uidi ad faciem, nunc autem credo in te. gratias tibi, Iesus, quem nunquam audiui, nunc autem audio. inuoco te, Iesus, cuius sensum antea non habui, nunc autem cupio in te sensum meum esse, per quem cognouit Theophilum discipulum tuum. domine Iesus, si fide dignus sum, et ad

3—5 cf. Gen. 27 5—6 cf. Gen. 48, 13—22 (inprimis uers. 19) 9 cf. Ioh. 20, 29. I Petr. 1, 8

Auctores: 1 *signo fidei*] cf. A. 34, 10—35, 12 3—6 cf. A. 22, 11—23, 3

1 iesu *BC*, *om. V* per B^2, quod per B^1CV manus *BC*, manuum tuarum *V* 2 accepturum me (*post* me *ras.*) delictorum ablutionem *B*, me peccatorum meorum abolitionem *V*, accipiam peccatorum meorum obliuionem *C* 3 Theoph.—dixit *scripsi*, theofilus dixit *B*, theophilus dix̃ *C*; *V om. hanc praefationem, uerbo* abolitionem *statim subicit* immo benedictionem *B*, *om. V*, in benedictione *C* sic *B*, sicut *CV* isac *B*, *om. V*, ysaac *C* 4 benedictionem *BC*, *om. V* 5 sic et *B*, sic *CV* Efrem et Manasse (*cf. 23, 1*) *scripsi*, e. e. mannase (na *in ras.*) *B*, effrem e. manasses *C*, epphraim et manasse *V* 6 manuum dilatati sunt *B*, d. s. m. *V*, manus d. s. *C* 7 iudaeum *B*, *om. CV* unxit (*cf. 4, 15. 47, 6*) *scripsi*, uncxit *B*, tinxit *V*, baptizauit in nomine patris et filii et spiritus sancti *C* adeptus *BC*, a. est *V* 8 agere *BC*, agere deo *V* tibi ago *BC*, a. t. *V* iesus *BV*, domine deus ihesu christe *C* 9 nunquam *B*, non *CV* ad faciem *BC*, facie ad faciem *V* te *BC*, te spiritu et tota mente *V* 10 tibi *B*, tibi ago *C*, ago tibi *V* iesus *BV*, domine deus ihesu christe *C* nunquam *B*, numquam *C*, non *V* audio *B*, audio te *C*, audito *V* 11 te iesus *B*, iesu *V*, te domine deus ihesu christe *C* antea *B*, ante *CV* 12 cognouit B^1, cognoui *CV* 13 domine iesus *B*, domine iesu christe *V*, deus ihesu christe *C* fide—agnitionem *B*, quidem dignus sum tua uocatione (conuocatione *V*) *CV*

tuam agnitionem confirma me. tu enim errantibus uiam demonstras et perditos reuocas et mortuos suscitas et infideles fide tua confirmas et caecis oculos cordis inluminas. tu es ipse tabernaculum sanctum, qui fuisti cum patribus nostris in deserto, tu candelabrum luminis, tu altarium et panis propositionis, tu ara, tu uictima uoluntaria; tu es, domine, uita et margarita, crystallum, iugum, aratrum. oro, domine, ignorantiae et incredulitatis meae ne memineris. tu enim absconsa beneficia praestans es, qui mihi omnia donare dignatus es. tibi sit honor, potestas, laus, gloria hic et in cuncta inmortalia saecula saeculorum. amen.

4—5 *cf.* A. 11, 12 6 *uictima*] cf. Eph. 5, 2. Hebr. 9, 26 al. 7 *uita*] cf. Ioh. 14, 6. Phil. 1, 21 *margarita*] cf. Matth. 13, 45—46 *iugum, aratrum*] cf. Ps. 2, 3. Matth. 11, 29. Ioh. 15, 1 (ὁ πατήρ μου ὁ γεωργός)

Auctores: 1—3 cf. A. 12, 8—13. 47, 2—3 6—7 *panis* ... *uictima* ... *uita et margarita* ... *aratrum:* cf. [Orientius] De epithetis saluatoris p. 244, 4. 5. 7. 8. Explan. nom. dom. 248, 117. 124. 249, 128. 140. 141 7 *margarita* ... *aratrum:* cf. [Phoeb.] Tract. d. f. c. 6 p. 42 C—43 A

1 confirma *B*[1]*CV*, uenire c. *B*[2] tu enim *B*, etenim *CV* 2 et *alt. et tert.* *BC*, *om.* *V* 3 fide *BC*, in f. *V* confirmas *B*, configuras *CV* caecis oculos cordis *BV*, caecos oculis c. *C* 4 tabernaculum sanctum *B*, *om.* *V*, in t. s. *C* 5 tu *bis* *B*, tu es *bis* *CV* canlelabrum luminis *BC*, candelabrorum lumen *V* altarium *BV*, altare *C* 6 propositionis *B*, propositionum *V*, praepositio *C* ara (arae *B*[1]) tu *B*, es ara et *CV* 7 domine *B*, ipse *CV* uita et *B*, uita mea *V*, uita *C* crystallum *scripsi*, cristallum *BCV* iugum aratrum *C*, i. argenteum *V*, magnum a. *B* oro *BV*, o. te *C* 8 ignorantiae (ae *in ras.*, *ut uid. corr. ex* bus) et incredulitatis *B*, ignorantiam infidelitatis *C*, ignorantiam meam infelicitatis *V* tu—dignatus es (michi *cod.*) *C*, tu—mihi dignatus es omnia ostendere *V*, tu (es *post* tu *B*[2]) enim ubi cuncta beneficia praestantur tu es qui—dignatus es *B* 10 tibi—amen (inmortalia *om.* *V*) *CV*, t. s. h. et p. et in cuncta et in mortalia (*sic*) in s. s. a. *B* explicit altercatio symonis et theophili *C*

I. INDEX LOCORVM SCRIPTVRAE SACRAE.

A) LOCI SCRIPTVRAE SACRAE, QVOS EVAGRIVS AD VERBVM LAVDAT.

B) LOCI SCRIPTVRAE SACRAE, QVOS EVAGRIVS NON AD VERBVM LAVDAT SED RESPICIT VEL RESPICERE VIDETVR.

II. INDEX
AVCTORVM ECCLESIASTICORVM.

(LOCI GRAVIORIS MOMENTI, QVOS TEXTVI SVBIECI, TYPIS TRANSVERSIS DESCRIPTI SVNT)

A) AVCTORES ECCLESIASTICI, QVOS EVAGRIVS NON NOMINATIM LAVDAT SED RESPICERE VIDETVR.

B) PARALLELA, QVAE INTER ALTERCATIONEM ET AVCTORES SVB *A)* LAVDATOS EXISTVNT.

1, 1 Altercatio: [Phoeb.] Tract. d. f. c. 5 p. 41 B.

2, 1 crucicola, signifer] Tert. Apol. c. 16 p. 177 *qui—putat.*

2, 6 Nazoraeum Iudaeum] at Nazaraei Christiani apud Tert. Adu. Marc. *IV, 8* De bapt. c. 13 p. 213, 10. Tract. Orig. *II p. 20, 25—21, 1. XII p. 138, 10—11 (p. 214).*

2, 17 Tert. Adu. Prax. c. 18.

3, 4 Tert. Adu. Marc. IV, 20. 25. V, 11 al. Cypr. Test. I, 5 p. 43, 10—14. III, 42 p. 150, 14—15. Tract. Orig. IV p. 40, 6—7. Consult. I, 7.

3, 5—6 deum—colimus] Tract. Orig. I p. 3, 18. 5, 9. 27. 8, 3. 15. 12, 2. VII p. 85, 17. VIII p. 90, 19. XI p. 120, 19—20. XVI p. 179, 8. Phoeb. c. 2 p. 15 A *inuisibilis . . . pater*, c. 3 p. 15 B *deum omnipotentem patrem*, c. 17 p. 26 B *inuisibilis deus*, c. 20 p. 28 C *Nam et—spiritus est.* [Phoeb]. Tract. d. f., conf. fidei p. 31 A *credimus—omnipotentem*, c. 5 p. 41 D *inuisibilis dei*, c. 6 p. 43 B *Est ergo pater deus immensus . . . incomprehensibilis*, c. 7 p. 44 C *deus—immensus*, c. 8 p. 45 A *deus—inuisibilis.* Consult. I, 25. II, 16. 19 *inuisibilis*, I, 14 *incomprehensibilis.* Euch.

Form. p. 4, 12 *longeque*—4, 14 *infinitus*. Symb. Athanas. (Hahn p. 176) uers. 9. 12. 13.

3, 6—7 Christum—filium] Tract. Orig. XIII p. 149, 1—2. XX p. 211, 17—18 al. [Phoeb.] Tract. d. f. c. 3 p. 38 B *filium dei deum uerum* (cf. p. 38 C). Consult. I, 4—6. 38. Symb. Athanas. (Hahn p. 176) uers. 15. 28.

3, 8 duos aduentus Christi] Tert. Adu. Iud. c. 14. Tract. Orig p. 219 „*aduentus*".

3, 9—4, 12 Euch. Instr. *I p. 96, 26—97, 13.*

3, 12 Antichristum] Tract. Orig. p. 219 „*antichristus*".

4, 1—3 Ergo—deus] Tract. Orig. III p. 33, 13—20. VI p. 67, 18—68, 1. 68, 17—20. XI p. 118, 2—3. XIII p. 148, 17—19. 149, 1—2. XIV p. 157, 10—13. Symbolum Nicaenum (Hahn p. 162). Phoeb. c. 4 p. 15 D *nec ... duos deos proferimus*, c. 9 p. 19 B *non solum ex eo et cum eo sed et in eo est*, c. 14 p. 23 B *unum utique per naturam*, c. 16 p. 25 A B *dei filius ... cum eo qui ex eo et in eo ... ex ipso et in ipso*, c. 22 p. 30 A *unam in duabus personis substantiam seruans ...*; *unus tamen deus omnia, tres unum sunt.* [Phoeb.] Lib. fidei p. 49 B C *credimus unum deum ...*; *deus de deo ...*; *ex uno patre ... filius deus et in patre.* [Phoeb.] Tract. d. f. Prooem. p. 32 B C *Sed quia —generis*, p. 33 B *Sed tria—confitemur*, c. 4 p. 40 C D *dummodo—unum sunt*, c. 7 p. 44 C *quippe—dictus*. Consult. II, 20 p. 1146 B *ex se atque intra se genuit deum* (cf. II, 2—3. 5. 15—16. 19). Orientius Comm. II, 404—406. Euch. Instr. I p. 67, 13—16. 117, 22—23. Tert. Adu. Prax. c. 2. 5. 7. 9. 12. 13. 18.

4, 2—8 Tract. Orig. *II p. 15, 2—10.* 15, 22—16, 3. XIV p. 153, 8. 157, 9.

4, 3—4 Phoeb. c. 17 p. 26 A. [Phoeb.] Tract. d. f. c. 8 p. 46 B. Tert. Adu. Marc. III c. 9 p. 134 Adu. Prax. c. 16 p. 675.

4, 8—5, 11 Cypr. Test. *II, 6.*

4, 8—12 Tract. Orig. *VI p. 58, 1—22.* I p. 9, 19—10, 3. VI p. 67, 6—10. VII p. 85, 7. 11. XI p. 120, 19. XIX p. 205, 18. Tert. Adu. Prax. c. 13 p. 668 Adu. Marc. IV, 7 sq. Phoeb. c. 3 p. 15 C. [Phoeb.] Tract. d. f. c. 2 p. 35 B c. 3 p. 38 B.

5, 1—5 [Phoeb.] Tract. d. f. *c. 7 p. 44 AB.* Consult. I, 10. II, 4.

5, 1 receptissimus] Ind. uerborum Operum Tertulliani (Oehler) p. CLXXXIX. Tract. Orig. IX p. 96, 19.

5, 12 testimonia] Cypr. Test.?

5, 14 edisseras] Phoeb. c. 9 p. 19 B.

5, 17 Incredule Iudaee] Tract. Orig. V p. 52, 14—15. XI p. 120, 10 al.

5, 19—6, 3 Phoeb. c. 3 p. 15 C. [Phoeb] Tract. d. f. c. 2 p. 35 B c. 3 p. 38 B. Euch. Instr. I p. 97, 9—13.

6, 2 typum] Tract. Orig. *VII p. 77, 2—3.* III p. 24, 21. 25, 6. 26, 23. V p. 45, 3—4. 48, 17. 49, 11. 53, 5—6 al.

6, 3—6 Tract. Orig. VII, inprimis respice *p. 76, 17—77, 5. 10—12.* IX p. 101, 18—102, 8.

6, 5 idolorum seruitute] Consult. *I, 18 p. 1084 D.*

6, 7—7, 3 Euch. Instr. *I p. 66, 17—22.*

p. 65, 4—5. X p. 110, 4—6. 114, 6—20. XII p. 134, 20—22. XIV p. 160, 21—23. XVI p. 169, 4—7. 172, 18—20. XIX p. 205, 25—206, 1. Euch. Form. 4, 5—10. Instr. I p. 84, 21—22. 85, 20—86, 13. 20. 117, 8—20. cf. A 16, 10—17, 2. 45, 10—14. 47, 1—48, 2. 54, 1—3.

12, 8—11 uelamine—contexit] Phoeb. c. 15 p. 23 D *uelamine tegitis.*

12, 9 sanctissimus] Tert. De orat. c. 20 De bapt. c. 17.

12, 13—14 Tract. Orig. XV p. 163, 9—12. 16. 23. 164, 17. XVI p. 178, 2. VI p. 57, 16. 58, 6. 14. Phoeb. c. 8 p. 18 BC *Ibi—debens* c. 16 p. 25 AB *Ideo—dici* c. 19 p. 27 D *Ipse enim dei uirtus* c. 20—c. 21 p. 29 A *possidens.* [Orientius] De epith. p. 243, 9 Explan. 248, 99—100.

12, 14—13, 9 Tert. Adu. Iud. *c. 8. c. 11 p. 732 Itaque quoniam—p. 733 exinde cessare. c. 13 p. 734 Si autem iam—p. 735 processurus* De bapt. c. 7. Tract. Orig. VI p. 69, 13—70, 3

12, 14—13, 1 Euch. Instr. I p. 200 (=134). 84, 19—21. Phoeb. c. 19 p. 27 D—28 A.

13, 6—7 domino—regum] Tract. Orig. *XIII p. 148, 15.* Tert. Adu. Iud. c. 7 p. 715 c. 9 p. 722 *dominum et regem.*

13, 10 Tert., Adu. Marc. IV, 13. Tract. Orig. III p. 33, 7—8. XII p. 132, 20—22.

13, 12—14, 10 Tert. Adu. Iud. *c. 7* Cypr. Test. I, 21.

14, 10 natiuitate] cf. A. 11, 6.

14, 11 sq. Tert. Adu. Iud. c. 9 p. 720 *Incipiamus*—p. 722 *aeque.* Cypr. Test. II, 9. Consult. II, 4. 9.

15, 4—5 Tert. Adu. Marc. III, 12.

15, 12—13 Tert. Adu. Marc. *V, 9 p. 300.*

15, 15—18, 14 Tert. Adu. Iud. *c. 9* Adu. Marc. III, 13 — 14. 17 p. 145 *Si enim plenitudo—censendum.* 20 p. 149 *nec enim haec—floruit.*

15, 16 filiam Sion] Tert. Adu. Iud. c. 13 p. 738. 739 Adu. Marc. III, 23 p. 154 sq. IV. 42 p. 271.

16, 14 Cypr. Test. I, 4.

17, 2—7 cf. A. 17, 15—18, 14.

17, 4 hoc—custodimus] Symb. Athanas. (Hahn p. 176, 28) *Dominus noster ... homo est. — fidem nostram custodimus*] Tract. Orig. IX p. 104, 8; cf. A. 17, 6—7.

17, 4—5 et quia—est] Tract. Orig. IV p. 36, 6. VI p. 72, 4—7.

17, 5 butyrum—intellegitur] Tract. Orig. *II p. 20, 4.* Tert. De bapt. c. 7.

17, 6 mel—eius] Tract. Orig. *XI p. 127, 10. XIII p. 151, 5—15. 18—20* Euch. Form. 40, 12.

17, 10 relictis idolis] Tert. Adu. Iud. c. 1 p. 702. Consult. I, 21 p. 1090 B.

17, 15—18, 14 ex uirgine—ederet: Simon partes Iouiniani, Theophilus partes Ambrosii agere uidentur (Haller, Iouinianus 1897 p. 75—76. 154—156 [v. Gebhardt u. Harnack, Texte und Untersuchungen. XVII, 2]).

17, 15 ex uirgine natum] Tert. De uirg. uel. c. 1.

17, 16—18, 14 Consult. II, 9.

17, 16—18, 5 Tert. Adu. Marc. V, 8 p. 296 sq. *Pronuntiauit—finem facere* De carne Chr. c. 21 (cf. testimonia ad A. 15, 15—18, 14). Cypr. Test. II, 11. Tract. Orig. VI p. 68, 4—14. IX p. 98, 22—99, 1. XIII p. 148,

24, 10—14 Tract. Orig. *IV p. 38, 19—24. 39, 7—23. 40, 13—15. 41, 14—15. VII p. 79, 7—8. X p. 110, 13. 111, 16—19.* Euch. Instr. I p. 73, 9—15. Consult. II, 8.

24, 13—15 libidinem—feceris] Didache c. 1, 2 et c. 5.

24, 14—25, 1 Euch. Instr. *I p. 77, 6—11.*

24, 14—15 fornicationem—feceris] Cypr. Test. *III, 119 p. 184, 7—8.*

24, 15—25, 1 primi sanctorum] Tert. De cor. c. 8 *pristinorum sanctorum.*

25, 1—2 Tract. Orig. *IV p. 35, 8—12. 19. 37, 2—4. 40, 2—4. XIX p. 200, 18. 201, 7. X p. 107, 10—12.* Cypr. Test. *I, 8.*

25, 2—3 Tert. Adu. Iud. *c. 2 p. 704 Nam si circumcisio—circumcidit.* Tract. Orig. *IV p. 35, 2—6.* Cypr. Test. *I, 8 p. 45, 20—21.*

25, 4—26, 13 Euch. Instr. *I p. 80, 19—81, 12.*

25, 5. 7 Orientius Comm. *I, 373. 475.*

25, 6 crucis patibulo] Tract. Orig. VI p. 62, 17.

25, 12 parricida] Tract. Orig. VI p. 59, 4.

26, 2 erubescere poteris] Tert. De spect. c. 17 Adu. Marc. I, 1 p. 48. III, 23 p. 155. IV, 34 p. 249. V, 4 p. 282. V, 13 p. 315 al. Tract. Orig. XVIII p. 192, 3.

26, 3—27, 3 Tert. Adu. Iud. *c. 10 p. 727* Adu. Marc. III, 18. Adu. Prax. c. 29—30. Tract. Orig. XIII p. 150, 3—12.

26, 6 accipe rationem] Tract. Orig. VII p. 85, 3. XV p. 164, 10. XX p. 209, 19. IX p. 98, 4.

26, 7 recole] Tract. Orig. I p. 6, 25. Consult. I, 18 p. 1084 B. II, 8 p. 1121 B. II, 19 p. 1144 C al.

26, 11 mortale peccatum] Cassianus Conlat. patr. XXII, 13 (ed. Petschenig 1886) p. 632, 5—6.

26, 12—13 [Phoeb.] Lib. fidei p. 50 B *adimplesse — sepultum secundum scripturas.*

27, 1—3 Tract. Orig. XIII p. 150, 11—12. XV p. 164, 8. Tert. Adu. Prax. c. 30. Consult. I, 14.

27, 4 Cypr. Test. I, 3.

27, 5 Cypr. Test. II, 15. Tract. Orig. XIII p. 150, 9. Consult. II, 6.

27, 7—8 Tert. Adu. Marc. III, 6 p. 129 *persona spiritus—dominus* Adu. Prax. c. 14. Tract. Orig. III p. 30, 14.

27, 9—28, 12 Tert. Adu. Iud. *c. 10. 11. 13.*

27, 9—11 Tert. Adu. Iud. *c 10 p. 730 Quam crucem — passus est* Adu. Marc. III, 19. 20. Tract. Orig. XVI p. 177, 6—7.

27, 9 sanctissimum] cf. A. *12, 9.*

27, 12—29, 4 Cypr. Test. *II, 20.*

27, 12 Tert. Adu. Marc. IV, 42. Consult. II, 6.

28, 9 Tert. Adu. Marc. III, 19. IV, 40.

28, 11 Consult. II, 6.

28, 16 Tert. Adu. Iud. c. 14. Consult. II, 6.

29, 3 Consult. II, 6.

29, 5 ex persona] Tert. Adu. Prax. c. 7 p. 660. Tract. Orig. III p. 30, 20. VI p. 70, 10. Phoeb. c. 7 p. 17 C, c. 20 p. 28 BC al. [Phoeb.] Tract. d. f. Prooem. p. 32 A al. Euch. Instr. I p. 92, 1. cf. A. 41, 4.

29, 5—10 Tract. Orig. *XII p. 136, 16—137, 5. 138, 3—139, 12. XI p. 126, 10—11.* VI p. 64, 5—14.

17—18. 104, 6. Tert. Adu. Iud. c. 10 p. 731.

34, 5 sacramentum] Tract. Orig. III p. 23, 9. 20. IV p. 34, 19. 37, 12. IX p. 96, 9. 99, 2. 102, 2—3. XII p. 129, 2. 22. XIX p. 200, 6 al. Tert. Adu. Iud. c. 10 p. 727. 729. c. 11 p. 732 *sacr. . . . praedicatum*. c. 13 p. 736—737 al. Cypr. Test. II, 15 (inscr.). Phoeb. c. 20 p. 28 B. [Phoeb.] Tract. d. f. c. 8 p. 45 C. Consult. II, 12 p. 1130 C.

34, 8 idolorum cultura] Tract. Orig. XII p. 134, 23. Consult. I, 20 p. 1088 D. — *liberaret*] Tract. Orig. V p. 56, 13. — *anniculus—est*] Consult. II, 6.

34, 12—35, 6 Tract. Orig. *IV p. 36, 23—26.* Tert. Adu. Iud. *c. 11* Adu. Marc. III, 22. Tract. Orig. XIV p. 153, 5—7. 21—154, 1. 157, 7--10. 158, 1—6. V p. 54, 8—10.

35, 6 cf. *31, 2.*

35, 8 signo coccini] Tract. Orig. VI p. 64, 5–11. IX p. 101, 21—22. Euch. Form. 52, 22—23.

36, 7 quaestum—negat] Tract. Orig. *XVIII p. 193, 6—8. 11.*

36, 8—12 Tract. Orig. *V p. 50, 14– 51, 18.*

36, 12—37, 19 Cypr. Test. *II, 14.*

37, 19—41, 11 surrexisse—conscenderet] Tract. Orig. XIV p. 153, 13—154, 3.

37, 19—39, 2 Cypr. Test. *II, 24—26.*

37, 20 Consult. II, 6.

38, 8 Tert. Adu. Iud. c. 13 p. 737 *post biduum (in) die tertia.* Consult. II, 6.

38, 13—14 Tract. Orig. V p. 53, 11. XIX p. 206, 7—8. Consult. II, 12 p. 1130 B *tertia—faucibus.*

38, 14 Consult. II, 6.

39, 4—5 Tert. Adu. Marc. *IV, 40 p. 268.* Tract. Orig. *XIII p. 141, 23—142, 1. 9. VI p. 72, 16—73, 3.* 12—14. 74, 11—12. XI p. 122, 23—123, 1. *XII p. 137, 4—5.*

39, 5—40, 1 Cypr. Test. *II, 23.* Consult. II, 6.

39, 5—10 Tert. Adu. Iud. c. 10. 13 Adu. Marc. IV, 42.

40, 1 Tract. Orig. V p. 53. 11—12. XIX p. 206, 7—8. Tert. Adu. Iud. c. 13 p. 737.

40, 2 ad dexteram patris: [Phoeb.] Lib. fidei p. 50 B.

40, 3—5 Cypr. Test. II, 28. II, 6. III. 113.

40, 7—10 Cypr. Test. II, 19. Tert. Adu. Marc. IV, 11 De pud. 6.

41, 2—5 Tert. Adu. Marc. *IV, 40 p. 268.* Tract. Orig. *XII p. 137, 6—10. VI p. 72, 14—16. 73, 2—3.* XIX p. 204, 17—24. V p. 54, 11—12.

41, 4 cf. *29, 5.*

41, 6—13 Firm. Mat. *c. 24 p. 115, 7—25.*

41, 7. 11. 12 Cypr. Test. *II, 29.*

41, 9 uerbo] Tert. Adu. Iud. c. 13 p. 737 *uirgo Maria a uerbo dei praegnans* De praescr. haer. c. 31 *et alibi—similitudo est.*

41, 10 tali habitu] cf. Tert. Adu. Iud. c. 14, p. 739 *duos . . . habitus*, p. 740 *duplici habitu* Adu. Marc. III, 7 p. 131 *Sic et apud Zachariam—gloria et honore.* Cypr. Test. II, 13 p. 78, 16—23. Tract. Orig. XIX. XX p. 209, 5. Consult. II, 6 p. 1118 AB. — *trophaeam uictricem reportans*] Tert. Adu. Marc. *IV, 20 p. 209 per tropaeum crucis triumphauit* Adu. Iud. *c. 10.* Tract. Orig. *XIV p. 153, 14—18.* 159,

Phoeb. c. 10 p. 20 B. Orientius Comm. I, 21—22.

48, 1—2 adueniente—lux] Tert. Adu. Marc. V, 7 p. 292. *V, 9 p. 300. V, 11 p. 309.* Adu. Iud. c. 6. *14 p. 741* Adu. Prax. *c. 7. 12.* Tract. Orig. XIX p. 206, 1.

48, 3 occulta] Tert. Adu. Marc. V, 7 p. 292 *occulta tenebrarum.*

48, 4 scripulum] Tract. Orig. XX p. 209, 19. [Phoeb.] Tract. d. f. Prooem. p. 33 C al.

48, 14—49, 3 Tract. Orig. XVI p. 174, 18—175, 2. VIII p. 91, 25—92, 8. XI p. 120, 15—20. Tert. Adu. Iud. c. 3 p. 707 et c. 1. Consult. I, 18—19. II, 10.

49, 2 caelestique cibo] Tract. Orig. *XVI p. 176, 14—15.* XIX p. 203, 20—21.

49, 4 increpat et obiurgat] Tract. Orig. XVI p. 170, 9. 12. XIX p. 201, 26. 202, 17. V p. 44, 12.

49, 5—6 Euch. Form. 25, 5—7.

49, 6—50, 7 Tract. Orig. *VIII.* Tert. Adu. Iud. *c. 4* Adu. Marc. IV, 12.

49, 7 imaginaria] Tert. Adu. Marc. *III, 11 p. 136* al. Tract. Orig. *X p. 109, 20. 114, 17—18.*

49, 7—12 Tract. Orig. *VIII p. 88, 15—89, 7.*

49, 12—15 Tract. Orig. *VIII p. 90, 11—18.*

49, 12. 15 accedit: [Phoeb.] Tract. d. f. c. 8 p. 45 B p. 46 B.

49, 15—50, 2 Tert. Adu. Marc. I, 20. V, 4 De idol. c. 14. Tract. Orig. I p. 2, 9—10. 11, 1—2. VI p. 63, 17—18. Consult. II, 7. cf. A. *49, 6—50, 7.*

50, 2—7 Tract. Orig. *VIII p. 93, 16—95, 13. 92, 9—11.* XVIII p. 196, 22—197, 11.

50, 4 in—anno] Tract. Orig. *VIII p. 94, 10—11. 13—14. 95, 2—3.*

50, 4—5 sabbatum sabbatorum] Tract. Orig. *VIII p. 94, 16. 95, 2.*

50, 6—7 Tract. Orig. *VIII p. 94, 17—18.* Tert. Adu. Marc. IV, 12 p. 186.

50, 8—9. 13—51, 2 Tract. Orig. VII p. 77, 10—78, 4. Euch. Form. 28, 4—5. 39, 20 Instr. I p. 90, 12—21.

51, 5—52, 2 Tract. Orig. XIII p. 141, 22—143, 2. II p. 22, 7—12. 21, 3—5. IX p. 100, 24—101, 10. 17. 103, 1—14. VI p. 63, 22—25. 75, 3. 10. 15. VII p. 77, 7. XIII p. 142, 17.

51, 5—8 Can. apost. 70. Can. Laodic. 71. 37. 38. 35. Can. Eluir. 50 (v. Gebhardt und Harnack, Texte und Untersuchungen etc. I, 3. 1883 p. 49).

51, 8 escas] Tert. Adu. Marc. II, 18 p. 106. V, 1 p. 275.

51, 10 Consult. II, 7.

51, 11—17 Euch. Form. 38, 4—6. 39, 21—22. 16, 8—9. 11—12. 17—18. 40, 17—18.

52, 3—8 Tract. Orig. XVIII p. 194, 8—20. 197, 14—22. Tert. Adu. Prax. c. 16 p. 676.

52, 4—12 Tract. Orig. *IV p. 40, 10—11. 6.*

52, 9—12 Tract. Orig. XVI p. 170, 12—20. 171, 9—10.

52, 13—53, 7 Tert. De bapt. *c. 5—8 p. 206, 3—207, 17.*

52, 13—14 lator salutis—medice] A. 23, 10 *lator legis Moyses;* 6, 2. 21, 12 *Moyse(s) typum Christi;* 53, 8. 10. 11. 13 *Iesus;* 53, 12—13 *Theoph. discipulum tuum;* 54, 1—3. Tert. Adu. Iud. c. 6 p. 712 (*Christus*) *nouae legis lator;*

III. INDEX NOMINVM ET RERVM.

IV. INDEX VERBORVM ET ELOCVTIONVM.